잘사는 게_____최대의 복수다

알렉산더 맥도웰 지음 | 김갑수 옮김

아이템북스

| 이 책을 읽기 전에 |

성공도 부유함도 먼저 나 자신이 변해야

흔히 하는 말이지만, 쏟아진 물은 다시 주워 담을 수 없고 이미 지나간 과거는 되돌릴 수 없다. 그런데도 많은 사람들이 이렇게 후회하며 스스로를 질책한다.

'내가 그때 왜 그랬을까? 그때 조금만 더 현명했더라면……'

'모든 것을 처음부터 다시 시작하고 싶다. 그러면 지금쯤 훨씬 나은 모습이 되어 있을 텐데.'

물론 이와 같이 지나간 과거를 후회하고 아쉬움을 갖는 것은 일회적인 인생, 단 한 번뿐인 소중한 인생을 살고 있는 사람들이기에 너무나 당연하다.

그리고 사실 이런 종류의 질책이 자신의 미래에 큰 자극이 되므로 우리는 보다 행복하고 풍요로운 미래를 기대할 수 있는 것이다. 그런데 이런 후회와 반성, 질책을 하는 사람이 나이가 오십이 넘어 바

바야흐로 산업 일선에서 물러나야 하는 사람이라면 얘기는 달라진다.

지금 막 이십대가 넘은 젊은이, 아니 삼십대나 사십대만 하더라도 나 자신의 삶의 환경을 바꾸고 가치관을 바꾸고 삶에 임하는 태도와 실천력을 바꿈으로써 오늘까지와는 다른 내일을 살 수 있다. 그러나 중년이 넘어서부터는 생각만으로 내 삶을 새롭게 하기에 우리는 이미 너무 지쳤고 너무 멀리 와버렸다.

이렇게 아무 이름 없이, 평생 뭔가를 했지만 한 번도 만족한 적 없고, 통쾌하게 행복한 적도 없이, 더군다나 쪼들리는 생활만 하다가 가기에는 너무 아쉬워서 분발해서 뭔가를 하고 싶지만 기력은 쇠진할 대로 쇠진했고 시간적인 여유, 사회적인 기회도 더 이상 나를 기다려 주지 않는다.

하지만 주위를 둘러보면 나와는 다르게 눈부신 성공을 거두어 직장에서나 사회에서나 유능함을 인정받는 사람들이 있다. 또한 경제적으로도 일가견을 이뤄 윤택하고 풍요롭게 사는 사람들이 있다.

더구나 지금 우리는 그 누구도 부정할 수 없이 자본주의 사회에 살고 있기에, 사람의 가치는 단순히 지적인 능력이나 정신력 같은 무형의 것에만 있지 않고 돈이라는 유형의 실질적인 것에 그 비중이 크게 실려 있다. 그 결과 성공적인 인생을 살고 있느냐, 그렇지 않느냐의 척도는 내가 가진 경제적 능력에 있다고 해도 과언이 아니다.

주변을 둘러보자. 어떤 사람은 평생을 쓰고도 남을 만큼 많은 돈을 벌어 호화롭게 지내는데, 또 어떤 사람은 분명 쉴 겨를도 없이 일을 하는데도 간신히 자신과 가정을 꾸려나갈 만큼의 돈을 저축하는 정도에 불과하다.

왜 이런 차이가 생겼을까? 출발점은 분명 같았을 텐데 말이다.

결론적으로 말하자면 성공한 사람과 그렇지 못한 사람의 가장 큰 차이는 부유하게 사는 방법을 알기 위해 노력했느냐, 그러지 못했느냐에 있다.

부유하게 사는 방법이 있다고?

이런 말을 하면 대개의 사람들은 그 부유해지는 길이란 게 무슨 복권당첨 같은 것인 줄 알고 호기심 어린 시선으로 바라보며 몹시 의아해한다.

부유해지는 방법이란 다른 게 아니다. 이미 부유하게 살고 있는 사람들의 생각, 이미 부유하게 살고 있는 사람들의 실제 생활에 관심을 가지고 그들처럼 생각하고 그들의 생활방식을 자기 생활에 적용하여 그대로 실천하는 것, 그것 이상의 다른 방법은 없다.

문제는 대부분의 사람들이 단순히 성공하고 싶다, 출세하고 싶다, 부자로 살고 싶다고만 생각할 뿐 진짜로 그렇게 살고 있는 사람들의 의식과 생활방식에 대해서는 모른다는 것이다. 성공한 사람, 부자로 사는 사람들이라고 해서 처음부터 그랬던 것은 아닐 것이다.

물론 타고난 환경이, 주어진 운명이 불리해서 빈부 차이가 나고 성공과 실패가 교차되기도 할 것이다. 하지만 그런 선천적 조건을 탓하며 아무것도 하지 않으면 불행과 가난은 가속화될 수밖에 없다.

누구나 부자가 되고 싶어 하고 모든 사람들이 출세하고 싶어 하지만 그 꿈을 이룬 사람은 많지 않다. 그 꿈을 이루려면 먼저 나 자신부터 변해야 한다.

이 책에서는 모든 사람들이 선망해 마지않는 사람들, 출세한 사람, 성공한 사람, 부자로 사는 사람의 유형을 체계적으로 제시함과 동시에 각 개인이 처한 상황에 따라 어떻게 변해야 성공할 수 있는지 그 방법론을 탐구하고 있다.

나 자신에게 맞는 최고의 모델, 최선의 방법이 무엇인지 주의 깊게 관찰해 보기 바란다.

차례

이 책을 읽기 전에 | 성공도 부유함도 먼저 나 자신이 변해야_006

PART 01_현재의 상황에서 부유해지는 법

능력 있는 사람은 역경을 기회로 삼는다_016
행동하지 않았기에 우울한 현실_019
좌절이야말로 의욕에 불을 댕긴다_023
경험은 우리 삶을 풍요롭게 한다_025
성공하는 사람은 불가능에 도전한다_029
후회와 미련은 현재의 삶을 희생시킬 뿐이다_032
현재의 충실함이 내일의 윤택함을 보장한다_034
과거에 대한 후회는 금물_039
한 번 실패자는 영원한 실패자인가?_040
망각은 때로 중요한 지혜가 된다_043

PART 02_나만의 가치를 찾아라

오로지 자기 자신에게 충성하라_048
남을 짓밟고 부자가 된들 진정 행복할 수 있을까?_052
치열한 경쟁은 긴장과 불안을 낳는다_056

잘사는 게 최대의 복수다

지나친 경쟁은 자멸을 초래한다__059
승리와 패배는 종이 한 장의 차이__063
나 자신을 무너뜨리는 행동의 유형__066
주체성을 가져라__070
기발한 아이디어로 황금알을 낳을 수 있다__073
혼자일 때 강해질 수 있다__076
남과 비교하는 말들에 무심해라__080
비교의 함정에 빠지지 않으려면 이렇게 하라__083

PART 03_나는 성공할 수 있다

당신 자신을 만족시키는 성공의 척도__090
나만의 세계를 지켜라__093
가급적이면 소모적인 논쟁은 피하라__096
일도 사업도 친구처럼 부드럽게 대하라__099
불행은 멀리할수록 득이 된다__101
상대의 이해와 변명을 잘 간파하라__104
판단과 현실__111
현실에 결코 희생당하지 말라__117
우선 자기 자신과 친해라__119
자부심을 조정하라__122
자부심과 일__125
고난과 정면 대결하라__128

PART 04_주목받는 사람이 성공한다

갈등의 원인과 문제를 파악하라_132

지식과 지혜의 차이_135

행복과 감정을 잘 다스려라_138

상황을 올바로 인식하라_141

감정은 그때그때 순화시켜라_143

잘사는 것이 최대의 복수_147

자신감은 대단한 힘을 발휘한다_150

생각이 인생을 좌우한다_153

강한 인간이 되어라_155

두려움의 정체는?_158

용기는 당신을 승리로 이끈다_161

당신을 강하게 돋보이게 하는 대화의 기술_163

효과적인 전략을 짜라_167

사랑하는 순간, 당신은 최고로 행복해진다_171

말보다 느낌과 의식이 중요하다_174

미워하고 혐오하지 않는 것이 용서다_176

민주주의라고 모두가 평등한 건 아니다_178

무엇이 나를 패배자로 만드는가?_180

패배적인 습관_182

발 빠른 상황 판단력이 중요하다_184

네 가지의 장벽_190

강요된 희생_196

PART 05_돈과 명예, 행복을 모두 갖는 법

일이란 무엇인가?_200
게으르게 사는 것은 이미 죽은 것과 같다_204
더 높은 위치를 추구하라_206
일 속에 부자로 사는 길이 있다_210
도전으로 얻어지는 부유한 삶_218
부유하고 넉넉한 삶과 행복_224
부유하고 넉넉한 삶에 이르는 올바른 길_227
부유하고 넉넉한 삶에 필요한 분별력_230
상황을 두려워하지 마라_232
정신의 여유와 넉넉함은 어떻게 얻어지는가?_235
자아실현과 부유하고 넉넉한 삶_241
불행한 삶과 자기 연민_243
진정한 의미의 부자는 어떤 사람인가?_248
순간순간에 최선을 다하라_251

PART
01

현재의 상황에서
부유해지는 법

능력 있는 사람은 역경을 기회로 삼는다

삶에 대한 열정적인 태도야말로
역경을 극복하게 함은 물론
오히려 역경을 절호의 찬스로
탈바꿈시키는 원동력이 되는 것이다.

가만히 눈을 감고 생각해 보자. 어렸을 때는 온 마을에 폭설이 내려 골목을 덮어도 당신은 짜증내거나 두려워하지 않고 오히려 눈싸움하기나 눈사람 만들기 같은 재미있는 놀이를 생각했을 것이다. 그런데 어른이 된 지금은 어떠한가? 눈이 내리면 우선 미끄러워질 길을 떠올리며 걱정부터 하는 경우가 대부분일 것이다.

어떤 생활환경이든 한 사람이 안정된 일자리를 갖거나 부자로 사는 건 그 사람이 갖고 있는 생활태도에 달려 있다. 그런데 그 생활태도에 있어서 가장 큰 시련은 매사가 뜻대로 되지 않고, 일이 원하는 대로 풀리지 않을 때이다.

사람들은 역경에 처하게 되면 그것을 극복하려고 하기보다 굴복하여 쓰라린 감정의 희생물이 되는 것이 편하다고 생각하는 경향이 있다. 하지만 당신이 정말로 '사람들이 부러워하는 안정된 직장을 갖고 싶다, 명예를 얻고 싶다, 부자로 잘살고 싶다'고 생각한다면 그것을 얻기 위해 오히려 역경을 기회로 활용하라.

무엇보다 중요한 것은 자기 자신이 역경을 극복하고야 말겠다는 마음으로 부단히 기회를 찾으면서 유연성을 가지고 현재 처해진 상황에 잘 대처하는 것이다.

설령 이렇게 했는데도 아직 기회가 오지 않는다고 실망하기에는 이르다. 삶에 대한 능동적이고 적극적인 자세가 생활화되어 있다면 매사 당신에게 전개되는 일은 유리할 것이고, 자연히 그 결과는 가슴 벅찬 성공, 행운, 부유함으로 이어질 것이다.

젊었을 때는 자신의 삶에 대해 실수나 실망, 포기라는 단어를 떠올리지 않았을 것이다. 이러한 태도, 즉 삶에 대한 열정적인 태도야말로 역경을 극복하게 함은 물론 오히려 역경을 절호의 찬스로 탈바꿈시키는 힘이 되는 것이다.

난관을 헤쳐 나가기 위해서는 실패한 사람들이 상투적으로 쓰는 핑계를 대지 말아야 한다.

실패한 사람들은,

"나로서는 어쩔 수 없는 일이었다."

"불가항력이었다."

라고 변명한다.

다분히 다른 사람들의 이해를 바라는 말이다. 그러면서 스스로가 어쩔 수 없었던 상황으로 받아들이려 한다.

힘든 상황에 처한 사람이 아무것도 할 수 없다는 생각만 하고 있다면 부자로 사는 길도, 안정된 직장을 갖는 길도, 명예를 얻는 길도 먼 얘기가 되는 것이다.

행동하지 않았기에 우울한 현실

무기력한 자세,
타인에게 끌려가는 수동적인 사고방식은 버려야 한다.
대신 활력 넘치는 행동으로
실천하는 것이 잘사는 비결이다.

　K부인은 남편과 이혼한 후에 줄곧 우울증에 빠져 있었다. 이 부인은 항상 우울하고 쓸쓸하고 초조하다고 했다. 더군다나 경제적으로도 점점 곤궁해지는 분위기였다.
　이 부인이 이렇게 된 배경은 여러 가지가 있었지만 원인은 간단했다. 그녀는 자신에 대한 연민으로 스스로를 불쌍하게 여겨 늘 침대에 누워 있었고, 수면제에 의존해 잠을 잤으며, 판단력을 잃어 직업을 갖지 않은 채 위자료로 받은 많지 않은 돈으로 생활해 왔던 것이다.
　당연히 심신이 황폐해지는 것은 물론 그나마 있던 친구들조차 떨어져 나갔고, 생활형편은 점점 궁색해졌다. 그 결과 자녀들에게 불평을 늘어놓기 일쑤였으며, 소화가 안 된다고 소화제를 자주 먹게 되었다.

그녀가 겪게 된 이런 힘겨운 생활은 자기 스스로 진 짐이다. 그녀에겐 이 짐을 벗으려는 의지도 없었지만, 설사 의지가 있다고 하더라도 그것만 가지고는 곤란하다. 적극적으로 행동하지 않으면 의지가 실현될 수 없다. 자포자기하는 마음을 버리고 무언가를 이루려는 행동을 했어야 했던 것이다.

그녀뿐만 아니라 우리 주변에도 그녀와 같은 사람이 많다. 특히 젊은이들이 실의에 빠져 하릴 없이 쓸모없는 일에 매달리거나 허황된 곳을 다니며 하루를 보내는 경우가 부지기수다.

그리고 그들은 이렇게 변명한다.

"적성에 맞지 않아."

"내가 그렇게 하찮은 일에 매달려야 하나?"

"기다리다 보면 내가 정말 원하는 일이 있을 거야."

설령 직장에 다닌다고 해도 마찬가지이다. 이런 사람들은 그지 그날그날 시간 때우는 데 급급하고 미래도, 용기도, 희망도 없이 아까운 시간만 허비한다.

흔히 말하는 부자로서의 윤택함을 과시하고 살려면, 명성을 얻어 사회적으로 인정받고 싶다면 지금까지의 습관처럼 소극적으로 관망하는 태도를 버려야 한다.

무기력한 자세, 타인에게 끌려가는 수동적인 사고방식은 떨쳐버려야한다. 대신 활력 넘치는 행동으로 실천하는 것이 잘사는 비결이다.

행동하고 실천하라.

행동은 우울증과 불안, 가난과 소외감, 공포와 근심, 무기력하고 무능력한 상태에 대한 가장 좋은 처방이다.

사람의 심리를 자세히 살펴보면 '우울'하게 되는 것과 '행동'하는 것이 동시에 일어나지 않는다. 다시 말해서, 우울하고 초조해하고 근심, 걱정할 때는 행동을 하지 않는 때인 것이다. 당신이 행동으로 옮기고 있을 때는 우울증에 빠져 있을 수 없다. 무엇이든지 하고 있다는 것은 자신의 능력을 발휘하고 있다는 것이 아니겠는가.

우울해서 행동을 하지 않는 것이 아니고, 행동을 하지 않기 때문에 우울한 것이다.

대개의 사람들은 소극적인 자세로 세상 돌아가는 것을 관망하며 요행수나 바란다. 하지만 성공한 사람들은 스스로가 자기 인생의 주인공이라는 생각으로 끊임없이 행동하고 실천한다. 이제 당신도 행동하는 사람이 되어야 한다.

다만 행동을 하더라도 손해를 안 보는 쪽으로, 다른 사람에게 직접적인 피해가 가지 않게 해야 한다. 그저 불만에 가득 차서 행동조차 하지 않는 것보다 문제해결을 위해 뭐든지 하기로 했다면 그 길이 문제해결의 시작점이다.

"내가 무엇을 어떻게 해야 부유하게 살겠는가? 방법 좀 가르쳐 달라."라고 당신이 묻는다면 나는 첫 번째로 이렇게 대답할 것이다.

"어떤 것이건 하는 것이 하지 않는 것보다 좋다."

좌절이야말로 의욕에 불을 댕긴다

성공할 권리가 있다는 확신이야말로 우리 모두가 가져야 할 신념이다.
현실이 불행하다고 하여
풀 죽은 채로 자신의 일에 좌절하는 사람들은 결코 일어설 수 없다.
좌절을 당할 때마다 꿋꿋이 일어나 전진해야 한다.

    어릴 때 성홍열에 걸린 후 한 해 두 해 나이를 먹으면서 점점 청각을 상실하다 청년이 되었을 때는 말을 거의 못 알아듣게 된 사람이 있었다. 그는 집안이 가난하여 12살이라는 어린 나이에 아르바이트를 해야 했고, 직장에서 실수하여 여러 차례 해고를 당하기도 했다. 가난이 심하여 커피 한 잔과 빵 한 조각으로 하루를 보내는 날이 비일비재할 정도였다.
    그러나 그는 실망하지도, 좌절하지도 않았다. 시련이 닥칠 때마다 꿋꿋이 일어나서 수많은 발명품의 특허권을 따내 명예를 얻었으며, 세상이 부러워할 만큼 돈도 많이 벌게 되었다. 이 사람이 누구인가? 바로 세계 제일의 발명왕, 토머스 에디슨이다.
    사람은 적극적인 생활을 할 경우에 한해서 성공도 하고, 출세도

한다. 소극적으로만 산다면 결코 인생의 희열을 맛볼 수 없다.

　재력가들, 출세가도를 달리고 있는 사람들, 직장에서 인정받는 사람들은 시간의 흐름 속에서 자신이 하고 있는 일에 엄청난 흥미를 가지고 있으며, 가치 있는 목표를 향해 늘 바쁘게 움직인다. 이런 사람들은 인생에 있어서 어지간한 시련이 닥쳐도 좌절하지 않고 다시 일어선다.

　위기가 와도 그저 막연히 '시간이 해결해 주겠지' 하고 침체된 생활을 하는 사람들의 인생은 십중팔구 실패로 끝난다.

　성공할 권리가 있다는 확신이야말로 우리 모두가 가져야 할 신념이다. 현실이 불행하다고 하여 풀이 다 죽은 채로 자신의 일에 좌절하는 사람들은 결코 일어설 수 없다. 좌절을 당할 때마다 꿋꿋이 일어나 전진해야 한다.

경험은 우리 삶을 풍요롭게 한다

행복에 이르는 길은
어디에 따로 있는 게 아니다.
행복하다고 느끼는 유연성,
여유로움이 바로 행복에 이르는 길이다.

나의 생에 있어서 가장 큰 분기점은 교사로 재직할 때였다. 어느 날 학과시험을 감독하고 있었는데, 우연히 교실 벽에 다음과 같은 문구가 적혀 있는 게시판을 보게 되었다.

'성공이란 목적지가 아니라 여행의 과정이다.'

그 문장을 보는 순간 내 마음속으로 뭔가가 '쿵' 하고 떨어지는 것을 느꼈다.

나는 그때까지 삶이란 것을 평범하고 별다른 변화라곤 없는, 의무적인 시간표라고 생각했었다. 즉 졸업, 학위, 결혼, 양육, 진급, 그 외의 여러 사건들이 그저 나의 삶에 정해진 시간표라고 생각한 것이다. 그래서 한 시간이 끝나면 다음 시간의 수업을 들으러 강의실을 옮기는 것이라고 생각했다. 수업이 끝난 후에야 쉴 수 있고, 맛있는

걸 먹을 수 있고, 놀러 가기도 하며 쇼핑을 하고 친구나 연인을 위해 선물을 사는 식으로 나의 진짜 행복은 그 시간표 밖에 있다고 생각했다.

하지만 그 교실 벽에 부착된 게시판의 문구를 보는 순간부터 나의 가치관은 급변했다. 삶에 있어서 행복이란 단순히 목적지에 도달하는 것이 아니라 지나가는 매 순간마다 부딪치게 되는, 즐겁고 슬픈 일들의 과정에 있으며 그것들 하나하나에 최선을 다하는 것이 진짜 행복이라고 느끼게 되었다.

자기 삶에 있어서 그 무게가 사소한 것이건, 중대한 것이건 간에 그 한 가지만을 놓고 자기 인생의 성공, 실패를 가늠하는 일을 해서는 안 된다. 이렇게 생각하게 되면 정작 중요한 순간에 실제 자신을 만족시킬 수 없어서 좌절의 구렁텅이에 빠진다.

단 한 번 혹은 겨우 몇 번의 경험만으로 '성공한 인생이다', '실패한 인생이다'라고 판단하는 사람은 발전할 수가 없다.

삶이란 단 한 번만의 경험이 아니다. 삶은 항상 변하고 순간순간이 다르다. 이 순간의 삶은 조금 전까지 없었던 새로운 삶으로 다음 순간에 연결된다.

따라서 지금 인생이 고달프고 견디기 힘들다고 해서 그 생활이 언제까지나 계속되리라고 지레짐작할 필요는 없다. 이 고난의 순간이 지나면 전혀 예상치 못한 눈부신 삶의 한 장면이 펼쳐지고 그로 인해 사람들은 이제까지와는 다른 생활방법을 터득하면서, 출세하거나 부자가 되거나 명예를 얻기도 하는 것이다.

인생에 있어 성공할 기회는 '단 한 번뿐'이라고 소극적으로 생각하며 사는 사람, 자신에게 있어 성공할 기회는 많지 않다고 생각하는 사람은 결과적으로 자기 자신에게 주어진 무한대의 기회를 스스로 놓치고 있는 셈이다.

이런 사람들은 일확천금을 꿈꾸다가 그 꿈이 좌절됐을 경우, 빠져나올 수 없는 실의에 젖어 자포자기하는 인생을 살아가기 일쑤이다. 그 결과 현재의 순간순간을 낭비하며 미래에 대한 준비라고는 할 수조차 없어 점점 불행한 사람의 표정을 하고 다니고, 심신이 더욱더 가난해지고 만다.

또한 이런 사람들은 부자로 사는 사람, 사회적으로 출세한 사람들이란 그저 운이 좋은 거라고 여기며 자기들은 열심히 노력했지만 운이 나빠 가난하게 산다고 생각한다.

한편 삶은 놀이기구처럼 때론 위험하고 때론 신나는, 계속되는 경험이라고 생각하는 사람들은 삶이란 언제나 변할 수 있다고 믿는다. 따라서 자기 자신이 인생을 어떻게 받아들이느냐에 따라 운명도 바꾸어 갈 수 있다는 융통성을 갖는다.

쉽게 말해 사회적으로 우월한 자리에 있는 사람들은 삶이란 단 한 번 주어진 기회가 아니라 시도하는 한 수십, 수백 차례의 기회가 자신에게 온다는 신념을 갖고 있다는 말이다.

그렇기 때문에 이들은 항상 어떤 문제를 처리할 때도 낡은 방법에 얽매이지 않고 새로운 방법을 찾는다. 또한 생활의 변화를 두렵게 여기지 않고 오히려 자기가 원하는 방향으로 변화를 유도해 간다.

자신의 삶에서 보다 많은 기쁨을 느끼고 싶다면, 그래서 성공적인 삶을 영위하고 싶다면 아침에 눈을 뜨고 대하게 되는 모든 것을 음미하라.

기진맥진한 채로 가도 가도 끝이 없는, 항상 가야만 할 목적지에 도달하려고 줄곧 달리기만 해서는 금방 지치게 된다. 자신과 마주치는 주변의 모든 것을 즐긴다는 여유로움이 중요하다.

한 사람의 일생에 있어서 행복, 성공, 부유함, 명예 같은 것들은 모든 예술작품처럼 한순간의 강렬한 느낌으로 좌지우지되는 것이 아니다. 그때그때 순간을 즐기는 것, 그것이 행복이다.

행복에 이르는 길은 어디에 따로 있는 게 아니다. 행복하다고 느끼는 유연성, 여유로움이 바로 행복에 이르는 길이다.

성공하는 사람은 불가능에 도전한다

오늘의 불가능이
내일도 계속되리라는 법은 없다.
그러므로 두려워하지 말고
자기 자신을 시험대상으로 삼아 백배 도전하라.

불가능하다고 생각되는 일을 앞에 놓고 사람들은 어떤 태도를 취할까? 일반적으로 세 가지 태도를 취하는 경향이 있다. 첫째, 불가능하다고 생각되면 처음부터 아예 포기하는 유형의 사람들이 있다. 이러한 사람들은 매우 이해 타산적이고, 기회주의적인 경향을 보인다.

이들은 우선 자기 능력의 한계는 여기까지라고 미리 규정지은 다음, 자신이 맡은 일에 눈곱만큼의 실수도 용납하려 들지 않는다. 한마디로 앞으로 닥쳐올 실패가 두려운 것이다. 이 같은 유형은 과감성이나 용기의 부족으로 큰일을 해내지 못하는 특징을 지니고 있다. 아마도 대부분의 사람들이 이에 속할 것이다.

둘째의 유형은 불가능한 일에 무조건 욕심만을 앞세우는 경우이다. 이들에게는 단순히 뭔가 해보고 싶다거나 뭐가 되고 싶다는 막연한 욕망이나 도전 정신만 있을 뿐, 그에 필요한 구체적인 계획이나 추진력, 실천이 뒤따르지 못하는 경우가 많다. 아무리 부자가 되고 싶다고 한들 이를 이루기 위한 노력이 없다면 백발백중 뜻을 이루지 못할 것은 뻔한 이치이다.

셋째로 평범한 사람들이 보기에는 불가능해 보이는 일이지만, 용기를 가지고 이에 도전하는 사람들의 경우이다. 대부분 성공한 사람, 위대한 승리자가 이에 속한다. 에이브러햄 링컨은 어린 시절 '미국의 역사'에 관한 책을 읽고 대통령을 꿈꾸었으며, 삼십이 넘어서 대학에 입학하는 등, 만학을 거치며 대통령이 될 수 있었다. 즉, 그는 불가능을 극복할 수 있는 진정한 용기를 지니고 있었던 것이다.

어떤 일이 불가능하다고 여겨져 처음부터 포기하는 식으로 살아가는 사람은 별다른 기복 없이 현실에 만족해하며 평범한 일생을 살게 될 것이다. 반면 불가능한 일을 해낼 만한 남다른 능력도, 용기도 없으면서 자신이 원하는 것을 저절로 이루려는 사람은 욕심이 지나친 나머지 매사에 불평과 불만 속에서 살아가게 마련이다.

불가능한 일이라고 해서 쉽게 포기하는 것도, 지나친 욕심을 내는 것도 문제라면 어떤 자세가 필요할까?

무엇보다도 중요한 것은 불가능성에 자극을 받고, 불가능을 가능케 할 수 있다는 백배의 용기를 지니는 자세이다.

불가능한 일로 보이지만 이에 자극을 받게 되면 불가능성이 가능성으로 바뀌게 되면서 지금이라도 곧 자신이 원하는 일이나 사업을 할 수 있는 기회를 갖게 될 것이고, 사업을 이미 하고 있는 사람의 경우에는 개선할 수 있는 기회를 얻게 될 것이다. 즉 개인적으로 성장할 수 있는 좋은 기회이자 새로운 삶을 시작할 수 있는 기회가 되는 것이다.

오늘의 불가능이 내일도 계속되리라는 법은 없다. 그러므로 두려워하지 말고 자기 자신을 시험대상으로 삼아 백배 도전하라.

후회와 미련은 현재의 삶을 희생시킬 뿐이다

흘러간 과거는 과거일 뿐,
굳이 과거를 들먹거려
현재의 삶마저
희생시킬 필요는 없다.

월트 휘트먼은 동물을 사랑하는 그의 마음을 이렇게 표현했다.

동물은 주어진 환경에 번민하거나 불평하는 일이 없다.
죄로 말미암아 눈물을 흘리며 잠 못 이루는 밤 역시 없다.
불만에 차 있거나 물욕에 눈이 멀지도 않는다.
이 세상에서 일어나는 일에 책임을 느끼지도 않으며 불행을 느끼지도 않는다.
공연히 번민하거나 잘못을 서로 전가하지 않는다.
오직 현재의 삶을 위해서 열심히 살 뿐이다.

이와 비교해 보건대 우리들의 삶은 얼마나 많이, 얼마나 자주 쓸 데없는 번민과 후회로 점철되었는가.

우리 인간은 어리석게도 이미 되돌릴 수 없는 과거가 되어버린 지난 일에 미련을 가지고 집착하기 쉽고, 자주 후회하는 경향이 있다. 흘러간 과거는 과거일 뿐, 굳이 과거를 들먹거려 현재의 삶마저 희생시킬 필요는 없는데 말이다. 현재의 삶이 지나간 과거로 인해 희생되지 않도록 다음의 세 가지를 생각해 보자.

1. 자신에게 불가능한 일이 무엇인지 먼저 인식하는 것.
2. 어쩔 수 없었던 과거의 행동이 자신의 현재의 삶을 얼마나 옭아매고 있는지 아는 것.
3. 불합리하다고 생각되는 일을 받아들이지 않는 것.

현재의 충실함이 내일의 윤택함을 보장한다

보다 나은 내일,
보다 풍요로운 미래,
보다 성공적인 인생을 살기 위해
오늘의 삶에 충실하라.

쏟아진 물은 다시 주워 담을 수 없다. 이미 저질러진 일을 없었던 것처럼 지울 수는 없는 것이다. 당신은 과거의 경험을 통해 무엇인가 깨달을 수는 있겠지만, 그것을 취소한다거나 변경시킬 수는 없다.

'예전에 이렇게 했으면 좋았을 것을.' 또는 '그 일을 하지 않았다면…….' 따위의 후회와 미련은 오히려 더 큰 불행을 자초한다. 그보다는 지금 과거의 잘못으로부터 무엇을 배울 수 있는가, 또는 앞으로의 발전을 위해 지금 필요한 것이 무엇인가를 생각하고 연구하라. 지나간 일을 가지고 끝없이 후회하며 번민하는 것은 패배자적인 자세이다. 마음가짐과 자세를 어떻게 갖느냐에 따라 얼마든지 달라질 수가 있다.

미국의 불멸의 작가 존 스타인벡은 다음과 같은 말을 했다.
'인간은 미끄러져 넘어지면서도 계속 발을 뻗어 전진한다.'

아무리 과거의 참담한 불행이 현실을 괴롭힐지라도 인간은 앞으로의 삶을 향하여 전진할 수 있는 본능적인 힘과 의지를 지니고 있는 것이다.

보다 나은 내일, 보다 풍요로운 미래, 보다 성공적인 인생을 살기 위해 오늘의 삶에 충실하라.

과거의 실패한 기억이나 불가능한 일에 마음을 빼앗긴다면 당신은 패배자이며, 희생자이다. 인간의 힘으로는 도저히 극복할 수 없는 불가항력적인 경우를 몇 가지 소개하겠다.

누구에게나 하루는 24시간

우리는 태어날 때부터 선택된 삶을 살아갈 수 없다. 그리고 우리가 원하건 원치 않건, 좋든 싫든, 시간은 일정하게 흘러가기 마련이다.

누구에게나 하루는 24시간이다. 개인에 따라서는 시간이 너무 빨리 지나가 버려 할 일을 다 못했다고 불평하거나 혹은 더디 가는 시간 때문에 지금의 고통을 견딜 수 없다고 하소연하는 사람도 있겠으나, 이런 불만은 실제로 나에게 아무 득이 되지 않는다. 그렇게 불평하고 있는 동안에도 시간은 한 치의 오차 없이 흘러가고 있기 때문이다.

주어진 시간을 최대한 이용하는 것이 잘사는 길의 하나이다. 어차피 승자나 패자, 경제적인 풍요를 이룬 자와 아직도 저 아래서 허덕이고 있는 사람에게 주어진 하루는 똑같이 24시간이다.

게으른 자는 아무것도 얻을 수 없는 법, 주어진 시간을 열심히 사는 자만이 인생에서 승리한다.

기백과 용기를 지닌 자만이 나이를 극복

흐르는 세월 따라 청춘도 흘러가고, 어느덧 늙어가고 있는 자신을 발견하고는 인생무상을 깨닫지 않는 사람은 이 세상에 없을 것이다. 때에 따라서는 외모나 태도, 복장 등에 따라서 나이보다 젊게 보이려고 애도 써보지만 그렇다고 실제 연령까지 속일 수는 없지 않은가.

주위를 살펴보면 노익장을 과시하면서 젊은이 못지않게 의욕적으로 일을 하는 노인이 있는가 하면, 패기만만한 젊은 나이임에도 불구하고 기백과 용기를 잃고 실의에 빠져 무의미하게 청춘을 낭비하는 젊은이 또한 없지 않다.

이 기회에 한번 자신이 어느 층에 속하는지 따져보자. '나도 이젠

늙었구나.' 푸념이나 하면서 인생을 허비하고 있는 것은 아닌지. 아니면 나이에 관계없이 내일을 위해 불퇴전의 신념을 가지고 끝까지 용감하게 싸우고 있는 인생의 승리자인지, 곰곰이 짚어보자.

사회적인 성공과 개인적인 목적달성이라는 충족감은 바로 얻으려고 하는 자의 것이기 때문이다.

다른 사람의 생각이나 의견에 좌우될 필요는 없다

나에 대하여 다른 사람들이 어떻게 생각하느냐 하는 것은 그 사람의 문제이지 나의 문제는 아니다. 대개 나의 의사와는 관계없이 타인은 자기 마음대로 생각하고, 믿고, 판단하기 십상이기 때문이다.

굳이 이들을 만족시키기 위해 좋은 일을 할 수도 있고, 또 상대를 설득시켜 나에 대한 생각을 돌리게 할 수도 있겠지만 근본적으로 나에 대한 생각을 바꾸게 하기는 어렵다. 그러므로 타인의 생각에 좌우될 필요는 없는 것이다.

오로지 나의 주관과 소신에 따라 자신이 세운 목표를 향해 나아가면 되는 것이다. 타인은 오로지 영원한 타인일 뿐임을 명심하자. 주체적으로 사는 자만이 자신의 삶을 윤택하고 풍요롭게 살찌울 수 있다.

이 세상에서 무엇인가를 바꾸어 놓기 위해 일한다는 것은 정말 멋진 일이자 도전해 볼 만한 가치 있는 일이다. 그러나 먼저 자신의 능력이 어느 정도인지 깨닫자. 그렇다고 자신의 능력을 비하 평가하라는 얘기는 아니다. 개인에 따라서 능력의 한계라는 것은 있는 법이다. 이것을 바로 알고 도전하는 것이 중요하다는 충고를 하고 싶다.

아무리 노력해도 백만장자가 될 수 없었다고, 세상을 바꿀 수 없었다고 비관하거나 좌절에 빠져 슬퍼하고 우울해하는 것은 패배자의 자세에 불과하다.

과거에 대한 후회는 금물

또다시 인생의 패배자가 되지 않기 위해서는
지난 일은 잊어버리고
현재 무엇을 할 것인가에
생각을 집중하라.

우리는 자신이 가보지 않은 길에 대해서는 미련이 많다. 특히 현재의 모양새가 만족스럽지 못할 경우에는 더더욱 과거에 가지 못했던 길에 대해서 아쉬움과 후회를 갖기 마련이다.

하지만 그런 생각들은 시간이 지난 후에는 다 부질없는 생각이자 망상이 된다. 이러한 생각은 다시 새로운 일을 하려고 재기하려는 우리의 마음을 한없이 약화시키고 패배자로 만들기 십상이다.

또다시 인생의 패배자가 되지 않기 위해서는 지난 일은 잊어버리고 현재 무엇을 할 것인가에 생각을 집중하여 뜻하는 소기의 목적을 달성하는 것이 중요하다.

한 번 실패자는 영원한 실패자인가?

'나 자신을 위해
지나가 버린
시계의 종을 쳐줄 자
누구인가?'

S씨는 세일즈맨에게 국가에서 발행하는 채권을 매입하기 위해 계약하고 채권 받을 날짜를 약속했다. 그런데 채권이 약속한 날보다 일주일이나 늦게 도착해서 그는 그 계약에 서명하기를 거절했다. 그러자 세일즈맨은 불쾌해하며 그를 설득하려 했다. 채권이 약속한 날짜에 도착하지 않았을 때에는 진화토라노 녹족을 했어야 했다는 것이 세일즈맨의 주장이었다.

세일즈맨이 어째서 전화를 하지 않았느냐고 묻자 S씨는 이렇게 대답했다.

"당신은 이제 와서야 그 이유를 설명하라는 겁니까? 당신이 약속을 지키지 않은 데 대한 독촉 전화를 안 한 것이 순전히 내 책임이란 말입니까?"

결국 세일즈맨은 단념했고, 계약은 파기되었다.

세일즈맨의 경우라면 지나간 일을 따지기에 앞서 오히려 자신의 실수를 인정하고 현재 상황을 위해 설득을 했어야 했다. 그렇다면 그 계약은 그대로 성사됐을 것이다.

지금에 와서 지나간 과거를 백지화할 수는 없는 법. 그렇다고 현재의 순간을 헛되이 낭비하지는 말라는 것이다.

최소한 패배자는 되지 말 것이며, 설령 사업에 실패하였다 해도 그 실패를 거울삼아 성공의 지름길로 삼는 용기가 필요하다.

'나 자신을 위해 지나가 버린 시계의 종을 쳐줄 자 누구인가?'

이 말은 영국의 시인 바이런이 한 말이다.

과거는 한 번 지나가면 결코 되돌아오지 않는다. 그래서일까. 주위에서는 이 한 번의 실패조차 용납하지 않으려 하는 경우가 많다.

만약 사업에 실패한 누군가가 지금 재기하여 새 사업을 시작하려 한다면 주위에서는 틀림없이 비관적인 눈으로 바라볼 것이다. 과거의 쓰디쓴 실패 경험을 본인에게 상기시키면서 다시 한 번 그를 나약한 패배자로 만드는 것이다.

특히 누구의 잘못이었는지 따지려 드는 사람이 있을 경우에는 문제가 더욱 심각하다. 이미 끝난 일을 가지고 새삼 과거의 일을 들춰내며 그 일에 관계되었던 사람들에게 골고루 책임을 돌림으로써 새로 시작하려는 사람들에게 건설적인 대책을 세우지 못하게 방해하는 경우도 있다.

　엄밀히 말해서 지나간 일의 잘잘못을 따지는 경우는 못 받은 돈을 되돌려 받는 일에 가치를 두면 모를까, 그 이외에는 전혀 도움이 되지 않는 시간 낭비에 불과하다.

망각은 때로 중요한 지혜가 된다

자신에게 유익하다고
생각되는 것만을 선택하여 기억하라.
자신을 건전치 못하게 하는 것들은
잊어버려라.

　신경질적인 성격의 소유자로 보이는 J부인은 하루라도 근심 걱정에서 벗어날 수 없다고 호소해 오며, 이 모든 불행의 책임이 오로지 그녀의 부모에게 있다고 했다.
　"부모님은 내게 전혀 자유를 주지 않았어요. 내가 하는 행동 하나하나를 감시했어요. 그리고 이거 해라, 저거 해라 명령만 했어요. 지금 내가 이렇게 불안을 느끼는 것도 다 부모님 때문이에요."
　그녀는 지금 51세로, 그녀의 부모님은 이미 사망한 상태였다. 이 부인은 오랜 세월이 지났음에도 불구하고 아직도 과거에 매달리며 불안을 느끼고 있었다.
　나는 그녀에게 이렇게 위로했다.
　"그건 이미 지나간 일이기 때문에 부모를 원망하는 것은 아무런 의미가 없습니다."

그녀는 나의 말을 뒤늦게나마 이해하게 되었고, 이후 죽은 부모를 원망하며 스스로를 괴롭히는 어리석은 생각은 하지 않게 되었다.

그녀의 경우, 어린 시절 부모의 과잉보호로 그녀의 자유가 박탈당하긴 했지만, 그 당시에도 자신이 하고자 하는 일을 강력히 주장했더라면 그렇게 패배자적인 인생이 되지는 않았을 것이다.

인간은 지나간 쓰라린 과거를 잊어버림으로써 자유로워질 수 있고 행복해질 수 있다. 그녀 또한 자신의 불행은 자신이 선택한 결과였다는 이치를 진작에 깨달았더라면 그렇게 오랜 세월을 방황하지는 않았을 것이다.

이 시점에서 우리는 한 가지 기억해야 할 사실이 있다. 우리의 삶 속에서 지난 과거가 어느 만큼의 영향을 미치는가를 알아볼 때 현재의 나의 감정이나 행동은 나 외의 어떤 사람에게도 책임이 없다는 사실이다. 만일 현재의 불행이 부모나 가족 또는 과거의 잘못 때문이라고 생각한다면 다음의 말을 기억하기 바란다.

'현재의 불행이 잘못된 과거 때문이라면, 과거는 이제 되돌릴 수 없으니 앞으로도 영영 이 불행에서 헤어나지 못한단 말인가.'

현재는 언제나 새로운 경험의 순간들이다. 불행했던 과거는 일거에 떨쳐버리고 이 순간을 열심히 살도록 하라.

현재를 잘 살면 과거의 불행은 하나의 추억이 된다.

어린 시절의 불행은 성인이 되어서도 그 아픈 기억이 오래간다. 실제보다 그만큼 충격적으로 받아들여지기 십상이다. 그런 반면, 어린 시절에는 무슨 일에도 쉽게 적응할 수 있는 능력이 있다.

아이들은 가족이나 부모의 그릇된 습관을 마치 변덕스런 날씨를 대하듯 받아들이고 잘 넘긴다. 매우 비참한 환경에 처해 있는 아이들일지라도 그들의 눈에는 세상이 신비에 가득 차 있는 것으로 보여 나름대로 즐겁게 하루하루를 보내기도 한다.

그런데 어른이 되어서 자신의 과거를 회상할 때는 자신에게 결정적으로 영향을 미친 것들에 대해서 생각하기보다는 부모나 가족이 자신에게 얼마나 상처를 주었는지 그 기억을 들춰내기에 급급해한다.

대부분의 사람들이 자신의 과거가 현재의 삶에 지대한 영향을 미쳤다고 생각한다.

하지만 중요한 것은 어떤 경우이든 과거에 있었던 일을 현재의 상황에 결부시켜 생각하는 것은 가급적 피하는 것이 좋다. 현재 자신의 책임을 과거의 탓으로 돌리는 것은 결국 자신의 발전을 방해할 뿐이기 때문이다.

위대한 업적을 남긴 사람들이나 부자로 성공한 사람들은 자신에게 유익하고 도움이 되는 경험들은 항상 자기 것으로 받아들인다. 대신 부질없는 과거의 일 따위는 싹 떨쳐내고 보다 나은 미래를 바라보며 오늘을 충실하게 살아간다.

'실패는 성공의 어머니'라는 말처럼, 성공한 사람들의 공통점은 과거를 통해 필요한 것들을 배우기는 하지만 결코 과거에 구애받지 않는다는 특징을 가지고 있다. 무엇보다 현재가 가장 중요하기 때문이다.

'지나가 버린 일, 어떻게 할 수 없는 일은 원통해한다고 달라지지 않는다.'

셰익스피어의 희곡 중에 나오는 대사의 한 구절이다.

이와 같이 망각은 때로 과거와 현실에 억눌린 사람들에게 중요한 지혜가 되기도 한다. 머릿속에 남아 있는 건전치 못한 기억들은 싹 몰아내라. 그리고 자신에게 유익하다고 생각되는 것만을 선택하여 기억하라.

PART
02

나만의 가치를 찾아라

오로지 자기 자신에게 충성하라

인생에 있어서
무엇이 가장 중요한지 먼저 생각해 보고,
자신의 진정한 행복을 위해 필요한 것이
무엇인지 숙고해야 한다.

얼마 전 나는 비행기 안에서 한 중년 남자와 동석하게 되었다. 이 남자는 근심스러운 표정을 지은 채 무언가를 골똘히 생각하고 있었다. 그래서 초면이긴 했지만 나는 용기를 내어 무슨 근심이라도 있는지 물어보았다.

그는 한 중소기업의 사장이자 대학 교수, 클럽 회장, 소비자 단체 회장 등 활발한 활동을 펼치고 있는, 그야말로 잘 나가는 사람이었다. 그러나 이처럼 여러 가지 일이 겹치면서 피곤이 쌓이게 되었다. 한 가정의 가장으로서 집안에 충실할 수 없게 되니, 아내와 자식들의 불만 또한 만만치 않았다는 것.

그래서 그는 자신에게 맡겨진 이 모든 일들을 효과적으로 처리할 수 있는 방법은 없을까 고민 중에 있었던 것이다.

이에 나는 서슴지 않고 충고했다.

"한 가지에만 충실하면 만사가 해결됩니다."

그 남자는 도대체 그 한 가지가 무엇이냐고 되물었고, 나는 다시 이렇게 대답했다.

"나 자신입니다."

어떻게 자신에게 충실하면서 사업체의 사장으로서, 대학 교수로서, 한 가정의 가장으로서 충실할 수 있겠느냐고 그가 반문해 왔다. 그래서 나는 다시 이렇게 대답해 주었다.

"무엇보다도 내 인생은 내가 사는 겁니다. 회사에서 사장으로서 충실하면 그것이 곧 사장으로서 충실한 것이고, 집에서 남편으로서 충실하면 남편의 위치에서 충실한 것입니다."

자기 책상을 떠나지 못할 정도로 회사에 충성하는 사람은 그 자리에 앉을 자격이 없다.

당신은 한 회사나 기관에 예속된 삶 속의 직원이 아니라 당신 삶 속의 사장이다.

인생은 길어봤자 팔구십이다. 그 중에 가족의 일원으로, 혹은 사회의 일원으로 자기 본분을 다하며, 돈이나 명예를 좇아 허비하는 시간들을 빼면 진정으로 자신을 위해 살아가는 기간은 그리 길지가 않다.

누구에게나 한 번뿐인 소중한 인생이다. 내가 속해 있는 직장에 충성하는 것도, 사회적 지위와 명예를 얻고자 갖춰야 할 덕목과 능력을 키우는 것도, 또한 오로지 돈, 돈, 돈이 최고라며 돈 버는 데에만 혈안이 되어 있는 것도 모두 나름대로의 가치는 있다.

그러나 이 같은 생각과 행동, 나아가서 자신이 소속된 기관이 자신의 인생을 전적으로 지배하는 삶의 형태가 굳어진다면 자신의 진정한 삶의 가치는 상실되고 만다.

잘살기 위해서 돈이 필요한 것이지, 자기 자신보다 돈이 더 중요하다는 식의 논리를 가지고 인생을 살아간다면 결코 행복한 삶을 영위할 수 없다.

인생에 있어서 무엇이 가장 중요한지 먼저 생각해 보고, 자신의 진정한 행복을 위해 필요한 것이 무엇인지 생각해 볼 일이다.

물론 인간의 행복을 돈으로 따질 수는 없지만, 적당히 자신의 삶을 윤택하게 할 만한 정도의 돈을 소유해야 하는 것은 행복의 중요한 전제조건이다. 그러나 주체할 수 없을 만큼의 돈을 소유한 사람이라면 이런 때 한 번쯤 주위를 둘러보는 여유를 갖는 것도 필요하다.

진정으로 가지지 못한 자들을 위한 자선단체도 만들 수 있고, 장학재단을 만드는 것도 어렵지 않을 것이다.

문제는 어디에 가치를 두고 돈을 버느냐이다. 인생의 최대 목적을 오로지 돈 버는 데에만 둔다면 그 사람은 아마도 자신이 번 돈을 제대로 써보지도 못하고 인생을 마감하게 될지도 모른다.

무엇보다 자신의 행복을 위해 충성하라.

돈이나 명예를 얻는 것이 자신의 궁극적인 행복을 위한 목적이 아니라 수단이 될 수 있게 조절하라.

자신의 삶에 충실할 때 자신이 뜻하는 일도 이룰 수 있고, 주위 사람들 또한 그런 당신의 성실한 자세에 감동할 것이다.

오늘 이 일이 중요하다고 하여 가장 소중하고 귀중한 것들을 뒷전으로 미루지 말라.

충성스럽게 열과 성을 다하여 해온 일들이 자신의 가족, 친구, 나아가서는 당신의 목숨마저 앗아갈 수도 있기 때문이다.

그럼에도 주어진 일에 열성적으로 매달려 온 인생이 영광스럽다고, 앞으로도 그렇게 살기를 원하는 사람들도 더러는 있다. 직업인으로서 자신에게 주어진 과업이고 의무라며 충성스럽게 일을 하는 것은 좋지만, 그 일들로 인해 자신의 인생을 잃는 법은 없도록 하라.

남을 짓밟고 부자가 된들 진정 행복할 수 있을까?

당신의 존재가치는
다른 사람과 비교하여
나타나는 것이 아니고
스스로 증명하는 것이다.

우리는 세상에 나면서부터 치열한 경쟁 속에서 살게 된다. 부모는 갓 태어난 아기를 품에 안는 순간부터 그 아이가 뭔가 특별하기를 기대한다. 그리고 그 기대는 생을 마감하는 그 순간까지 이어진다.

어려서는 자기 자식이 남의 자식들보다 똑똑하고 공부 잘하길 기대하고, 사회에 나가서는 남들이 부러워하는 직업을 가지길 갈망하며, 이것이 만족되면 이왕지사 명예도 얻고, 돈도 많이 벌며 부모를 호강시켜 주길 기대한다.

그러나 자식으로서는 끝없는 경쟁에 시달리는 것이다. 학교에서는 1,2등이 정해지고, 무슨 대회에서 1등을 하면 큼직한 상을 받게 되어 여러 친구들 앞에서 박수갈채를 받으며 부러움을 산다.

나이가 들면서 경쟁심은 더욱 조장되어 일류 대학을 들어가야 하고, 대학에 들어가서도 대학 생활의 낭만 따위는 물거품처럼 사라지고 치열한 경쟁에 몸을 맡기며 불철주야 책상에 매달려야 한다.

졸업 후에는 어떤가? 경쟁이 심한 취직시험을 통과해야 하며, 이제 직장에 입사하면 상사의 눈치를 보며, 혹은 동료와 진급을 다투며 보이지 않는 경쟁과 평가 속에서 늘 긴장하며 생활해야 한다. 우리 인간의 생존 자체가 경쟁일지 모른다.

어느 새부터인가 남을 밟고 올라서지 않으면 내가 죽는다는 적자생존의 원리를 스스로 인정하게 된다. 겉으로는 웃지만 속으로는 나 아닌 모두는 적이라는 생각을 품고 살벌하고 험난한 사회를 헤쳐 나가게 된다.

자본주의 사회에서는 어쩔 수가 없다. 남보다 앞서고, 남보다 부자로 살려면 남들보다 잠을 덜 자고라도 좀 더 노력하고, 좀 더 머리 쓰고, 빠르게 행동하지 않으면 뒤처진다.

왜 40대의 중년 남성들의 돌연사가 사회 문제가 되는가? 회사에서 중견 간부로서 받는 스트레스, 긴장이 불면으로 이어지고 급기야 건강에도 적신호가 울리며 때 아닌 죽음을 맞이하게 되는 어처구니없는 현실. 이러한 현실 앞에 특별한 어떤 대책도 없이 망연자실할 따름이다.

경쟁이란 행동을 의미하는 것이 아니겠는가. 다른 사람들보다 빠르게, 높게, 더 많이 행동하는 것. 그러나 우리 모두 그 같은 경쟁이 소모적이라는 사실은 망각하고 있다.

경쟁에서 이긴 사람은 수많은 희생자를 내게 되는 법. 문제는 당신이 그 희생자의 자리에 서게 되느냐, 아니면 이긴 사람의 위치에 올라서게 되느냐, 이런 단순한 차원만은 아니다.

남들과 지나친 경쟁으로 자신에게 가까운 사람에게 마음의 상처를 주지는 않았는지 돌이켜 봐야 한다.

경쟁에서 이긴 자는 극히 소수이고, 대부분 패배의 쓴맛을 경험하게 마련이다.

그러나 인간은 나약한지라 단 한 번의 대학 진학의 실패가, 사업의 실패가 한 사람의 인생에 회복할 수 없는 깊은 상처를 안겨주기도 한다. 자기 자신의 존재가치와 의미를 상실한 채 급기야 하나밖에 없는 목숨을 잃는 사태도 발생하게 된다.

문제는 경쟁을 어떻게 받아들이느냐 하는 것이다. 이 사회의 구성원으로 살아간다는 자체가 치열한 경쟁의식을 요하고, 이 사회에서 살아남기 위해서는 남보다 뛰어나야 한다고 생각하는 사람이라면 어쨌든 남보다 뛰어나기 위해서 다른 사람보다 더 많은 노력을 필요로 함은 두말할 필요가 없다.

그러나 경쟁이란 자체를 좀 더 유연성 있는 시각으로 바라본다면 남보다 그다지 뛰어나지 않더라도 자신의 삶을 풍요롭고 윤택하게 가꾸며 여유 있게 살아갈 수 있다.

사실 자신에게 부족한 것이 없다고 생각하는 사람들, 또는 자신의 능력을 충분히 발휘하고 사는 사람들은 남과의 경쟁에 관심을 두지 않는다.

이들은 자기를 중심으로 하여 인생을 생각하며 인생의 목표 자체를 한낱 돈이나 명예에 두지 않고 좀 더 내면의 이상을 실현하는 데 목표를 둔다.

오히려 이들은 경쟁을 중심으로 한 삶이 인생의 목표와 의미를 찾는 데 방해가 된다고 생각한다.

당신이 경쟁 상태에 빠져 있으면 다른 사람을 의식하지 않을 수 없고, 마음이 끊임없이 상대에게 쏠리게 된다. 자신의 가치를 평가받기 위해서라도 남과의 비교는 피할 수 없는 현실이다.

이런 과정이 계속될수록 자신의 진정한 삶을 살아갈 수 없게 된다. 오로지 남과 비교되었을 때만이 자신의 존재가치를 증명할 수 있기 때문이다.

잘살 수 있는 길은 오로지 모든 경쟁에서 이기는 것뿐이라고, 이같은 인생관을 가졌다면 당신은 어떤 희생을 무릅쓰고라도 남과의 경쟁에서 승리해야 할 것이다. 그렇지 않고 다른 길, 즉 자아 표현, 자기의 내적 충실 등의 기준이 잘살 수 있는 길이라고 여겨진다면 우리는 경쟁이란 것을 다른 차원에서 생각해 보아야 할 것이다.

치열한 경쟁은 긴장과 불안을 낳는다

최선을 다해 경쟁에 임하라.
자신이 처참히 질 것을 대비해서 마음의 준비는 해두어라.
경쟁에 졌다고 해서
인생의 전부를 잃은 것처럼 좌절할 필요는 없다.

　경쟁을 통해서 인간 사회가 발전하고 또한 생활수준이 향상되는 것은 분명한 사실이다. 그러나 발전만큼 부작용도 함께 따르기 마련이다. 그만큼 경쟁에서 낙오된 사람들은 삶의 의욕을 잃고 자신이 속해 있는 집단과 사회에 불만과 회의를 갖게 된다. 이것은 궁극적으로 사회와 더 나아가서 국가의 발전을 해치는 저해 요소로 작용한다.

　우리 사회에는 경쟁에 이긴 사람들보다는 패배한 사람들이 더욱 많이 존재한다. 이런 점에서 볼 때, 경쟁에 이긴 사람들은 영원한 승리자처럼 우월감과 자만심에 젖어 이들을 휘두르기보다는 좀 더 따뜻하게 이들을 감싸 안아 더불어 잘살 수 있는 밝은 사회를 만들도록 하는 것이 중요하다.

자신의 인생과 다른 사람의 생활수준을 함께 높여가는 데는 협동이 효과적이고 바람직하다. 아무리 경쟁사회라지만 서로 돕고 이해하며 생활하는 가운데 나와 이웃, 그리고 모두에게 풍요로운 삶이 펼쳐진다.

오늘날 우리 사회는 경쟁의 논리로 이룩되었다. 남보다 앞서지 않으면, 경쟁에 이기지 않으면 사회에서 도태될 수밖에 없는 사회 현실에 대해 정면으로 부정할 자는 아무도 없다.

이러한 분위기로 인해 사회의 많은 패배자들은 길 잃은 사슴처럼 거리를 헤매고 있다. 패배감과 실망, 좌절감으로 술, 진정제로 아까운 젊음을 낭비하는 사람들도 적지 않다.

앨빈 토플러는 그의 저서 『미래의 충격』에서 이 문제를 다음과 같이 다루며 앞으로 이러한 사회가 어떤 결과를 초래하는지 잘 지적하고 있다.

당신의 인생관에 따라서 당신이 이러한 것들에 희생되느냐, 안 되느냐가 결정된다. 앞서도 지적했지만, 희생되지 않는 방법이 두 가지가 있다. 어차피 경쟁사회에 몸담고 있는 이상 부단한 노력, 피나는 노력을 기울여 경쟁에서 패배하지 않는 것이 그 한 가지 방법이다.

이 방법을 택했다면 무엇보다 당신의 인생과 건강을 잃지 않도록 마음의 준비를 해두는 것도 좋다.

둘째의 방법은 이러한 경쟁에 휩쓸려 희생자로 전락되지 않도록 자제하여 모험에 부딪치면서 자신의 행동양식을 바꾸는 것이다.

경쟁에서 이겨야 자신의 가치를 인정받을 수 있다는 의식구조를 가지고 있다면 첫째 방법을 택할 수밖에 없다. 그러나 이러한 의식구조를 갖고 살아가는 동안 계속되는 불안은 피할 수 없다.

가진 것 없이 맨몸으로 사업을 시작하는 사람들이나, 배운 것은 적지만 끊임없이 향학열을 불태우는 만학도, 살아생전 써보지 못할 만큼의 돈 한번 벌어보자는 뚝심과 야망을 지닌 젊은이들은 비록 이 사회에서 인정받지 못하는 존재일지라도 경쟁을 두려워하지 않을 것이다. 그들은 경쟁에서 도태되기보다는 승리자가 되길 갈망하는 사람들이기에 한시라도 그들의 긴장과 불안을 늦추는 법이 없다.

치열한 경쟁사회에서 도태될까 두려워하지 말라.
어떤 경쟁에서든 이길 각오를 갖고 뛰어들라.
최선을 다해 경쟁에 임하라.
자신이 처참히 질 것을 대비해서 마음의 준비는 해두어라.
경쟁에 졌다고 해서 인생의 전부를 잃은 것처럼 좌절할
필요는 없다.

지나친 경쟁은 자멸을 초래한다

자신에게 주어진 휴식 시간조차
쌓인 일 걱정으로 허비한다면
당신은 정말로 무능력한 사람이다.
자기에게 주어진 휴식을 온전하게 취하라.

존슨 사장은 불혹의 나이인 40대 중반에 접어들었다. 그때까지 위궤양으로 두 번 입원했었고, 심장병으로 한 번 입원했었다. 그는 이런 중병을 앓고 더 이상 견딜 수 없어 나를 찾아왔다.

이 사람은 정신적, 육체적 건강을 잃어가면서 사업에 몰두하여 대성한 사람이다. 그는 처음에는 무일푼으로 시작하여 이제는 연간 몇십억 달러의 매상을 올리는 대 무역회사 사장이 되었다.

그러나 그의 건강은 극도로 악화되었고 잦은 외출, 출장, 폭음으로 인하여 아내와 별거상태였다. 게다가 건강이 좋지 않음에도 불구하고 오로지 사업에만 매달리고 있었다.

그는 대학 시절에도 우수한 성적을 올리기 위하여 도서관에서 열심히 공부하는 노력 형이었다. 대학 졸업 후에는 얼마간 말단사원으로 근무하다가 바로 자기 사업을 시작하여 단기간 치열한 경쟁에서 승리하여 대 기업가가 된 경우이다.

그는 사업에는 승리했지만 인생은 실패였다. 결과적으로 인생에서 얻은 것보다 잃은 것이 더 많으니 잘산 인생이라고 평가하기는 어렵다.

나는 그와 상담하면서 문제의 핵심을 솔직하게 지적했다.

"당신이 당신 자신을 파멸시켰습니다. 사업상의 성공이 곧 인생의 성공인 줄 알고 그보다 중요한 것을 외면했습니다."

맨 먼저 내가 그에게 건넨 말이었다. 이어서 그의 말과 행동의 모순을 하나하나 끄집어내기 시작했다.

그는 사업에 성공하겠다는 일념 이외의 것에 대해서는 안중에도 없었다. 자신의 진정한 행복이 무엇인가에 대해서 생각해 보지 못한 것이었다.

그는 진실한 사랑을 외면하면서도 자기를 사랑하는 사람을 무시했고, 좋은 아버지가 되길 원하면서도 일주일에 단 몇 분간이라도 자녀들과 같이 있은 적이 별로 없으며, 마음의 평화를 원하면서도 아침부터 밤늦게까지 동분서주했다. 또한 건강을 원하면서도 사업상 안정을 취하며 쉴 시간이 없었다. 자기가 바라는 모든 것을 사업을 위해 희생시켰던 것이다.

나는 존슨 사장에게 장기적인 목표보다는 하루 목표를 세워 그 목표대로 실천에 옮기도록 권했다. 하루하루를 자기를 위해 생활하는 가운데 자연히 습관이 바뀌기 때문이다.

그는 나의 충고를 받아들여 아무리 회사 일이 바빠도 퇴근 시간을 지켰으며, 주말은 자녀들과 함께 보냈다.

얼마 안 가서 그는 비경쟁적으로 변했고, 새로운 행동을 별 무리 없이 할 수 있게 되었다. 성급히 서두르지도 않았으며, 회사 중역들에게나 자기 자신에게 능력 이상의 것을 요구하지 않았다. 멀리했던 아내와의 관계를 원만히 하기 위해 노력하여 아내와 재결합하게 되었으며, 자녀들에게도 아버지 위치로 되돌아갔다.

그로부터 2년이 지나서 그는 직장을 그만두고 뉴욕을 떠나 조용한 몬태나로 갔다. 그동안 누려왔던 경제적 혜택 대신 조용하고 안락한 시간을 보내는 생활을 택한 것이다.

때론 쓰러져 가는 자신의 인생을 구하기 위해 삶의 방향을 급선회할 필요가 있다. 그가 처음부터 이러한 행로를 밟았더라면 물론 더 멋진 인생을 살았을 것이다.

'과다한 것이 때로는 부족한 것과 같다.'

이 같은 철학의 근본적 진리를 그는 20년 이상 자신이 몸담고 있던 생존경쟁의 사회로부터 떠나게 됨으로써 터득할 수 있었다. 진정으로 잘사는 길은 물질적 풍요가 아니라 마음의 풍요에 있음을 깨달은 것이다.

돈과 명예를 다 얻은들 그것을 함께 공유할 수 있는 사랑하는 사람이, 가족이 곁에 없다면 무슨 소용이 있겠는가? 치열한 생존경쟁에서 살아남는 것도 좋지만, 자신의 건강도 챙기고 가족과 함께 보낼 시간도 챙겨라.

자신에게 주어진 휴식 시간조차 쌓인 일 걱정으로 허비한다면 당신은 정말로 무능력한 사람이다. 자기에게 주어진 휴식을 온전하게 취하라.

승리와 패배는 종이 한 장의 차이

경쟁에서 남을 이긴다는 것,
승리한다는 것은 어떤 면에서는 의미 있는 일이지만,
한 인간의 가치는 이러한 승리 개념에
좌우되지 않음을 기억하라.

당신이 만일 테니스 시합에서 졌다면 대체 무엇에 졌다는 말인가? 따지고 보면 진 것도, 이긴 것도 없다. 다만 상대보다 볼을 네트 위로 많이 넘기지 못했을 뿐이고, 사각으로 그어진 흰 줄 안으로 떨어지는 상대의 볼을 많이 넘기지 못했다는 차이가 있을 뿐이다.

경기에 꼭 이겨야 한다는 사람들의 고정관념으로 인해 건전한 오락이어야 할 운동 경기에서 많은 피해자가 속출하고 있다. 다른 사람들보다 더 빨리 달리고 더 높이, 더 멀리 공을 던졌다고 하여 그 사람 자체를 인생의 승리자로 볼 수 있겠는가? 물론 아무도 승리가 패배보다 좋다는 사실에 대해서 부인하지는 않는다. 그러나 당신 자신의 위치나 능력을 증명하기 위해 이겨야 한다면 그 태도는 그리 바람직하지도, 건전하지도 못하다.

운동 시합을 하든, 공부를 하든, 직장에 다니든, 사업을 하든 이것은 생활의 작은 일부분에 지나지 않는다. 그런데 시합에 한 번 졌다고, 대학 입시에 낙방했다고, 혹은 다른 동료들보다 진급이 늦다고 하여 마냥 우울해하면서 의기소침해하며 그 어떤 의욕도 없이 인생을 낭비한다면 그 사람은 남이 아니라 자기 자신에게 피해를 가하는 어리석은 인간이다.

역설적으로 말하면 남을 이기거나 성공하는 데 너무 조급해하거나 급급해하지 않을 때 상대를 이길 수 있는 기회도, 사업에 성공할 확률도 높아지는 것이다.

치열한 생존경쟁이 만연하고 있는 이 사회 속에서 살아남기 위해, 남을 이기기 위해 얼마나 많은 편법과 속임수, 비윤리적인 행위들이 자행되고 있는가. 소위 정당한 방법으로는 남을 이길 수도, 큰돈을 벌 수도 없다는 치기가 당연시되는 이 사회에서 자칫 잘못하면 어떤 기준이나 질서도 없이 오로지 남을 이기고 올라서는 것이 최고의 목적이자 가치인 것처럼 인식될 수 있다.

남을 패배시켜야 잘살 수 있고 행복한 삶이 보장되는 것은 절대 아니다. 인생의 쓰디쓴 패배의 고배를 마신 자들이 승리하겠다는 욕구가 남달리 강하다. 승리를 필요로 하는 사람은 그가 누군가를 패배시키지 않는 한 만족을 느끼지 못한다.

당신이 만일 경쟁에서 남을 이겨야만 행복하다면 당신에게 져주는 사람에게 심리적인 조종을 받게 된다. 즉 그 사람이 져주거나 이기는 행동에 따라 당신의 행불행이 좌우된다는 뜻이다.

이런 심리에 휩싸이다 보면 다른 사람에 예속된 노예 아닌 노예로 전락하기 쉽고, 겉으론 승리자로 보이지만 영원한 패배자가 되고 말 것이다.

현명한 사람은 승리를 위하여 최선을 다하지만 승리에 집착하진 않는다. 그러므로 승리에 도취되지 않으며, 그렇다고 패배에 절망하지도 않는다.

이들은 현명하게도 지난 과오나 실패, 패배를 겪었던 당시 상황을 다시 되돌리려 하지 않고, 앞으로의 일이나 사업을 구상하고 준비한다.

너무 일등 제일주의에, 맹목적인 부자가 되는 길에, 자신의 성공을 위해서는 뭐든 불사하는 성공 신드롬에 빠져 있지 말라. 집착이 강할수록 얻는 것보다 잃는 것이 더 많고, 최고의 갑부나 최고의 성공은 단순한 집착과 열망으로 이루어지는 것은 아니다.

또한 실패와 패배를 통하여 뭔가 배울 점이 있다고 하여 일부러 패배를 자초할 필요는 없다. 패배로 인해 열등의식이나 자기를 비하하는 습성이 생기기 쉽기 때문이다.

경쟁에서 남을 이긴다는 것, 승리한다는 것은 어떤 면에서는 의미 있는 일이지만, 한 인간의 가치는 이러한 승리 개념에 좌우되지 않음을 기억하자.

나 자신을 무너뜨리는 행동의 유형

경쟁은 경쟁 상대가 있을 때만 하라.
그 외의 시간은 철저히 자신을 위해서 즐겨라.
그리고 상대에게 질 수도 있다는 점을
겸허하게 받아들여라.

　프리드먼 의학 박사와 로젠먼 박사는 『A형 행동과 당신의 심장』이라는 저서에서 경쟁심이 강한 성격과 심장병 간의 관계에 대해서 설명했다.
　이 연구에 의하면 경쟁심이 강한 사람은 늘 식사를 빨리 하고, 걸음걸이도 빠르며, 남의 말꼬리를 잡기를 잘하고, 침울성이 없으며, 대화도 빨리 한다. 자기와 다른 사람에게 일을 빨리 하라고 독촉을 연발하고, 자기 차례를 기다리는 곳에서 안절부절못하며, 한 가지 일로 만족하지 않고, 자기주장을 먼저 내세우지 않고는 남의 말을 들으려 하지 않는다.
　이들은 다른 사람이 관심 있어 하는 일에 귀를 기울이지 않는다. 상대방이 이야기하고 있는 도중에도 자기 의견을 불쑥 말하는 등 관심을 자기에게 집중시킨다. 이들은 휴식을 죄악시하고 항상 장래를 생각하며, 미리 짜인 일정표에 의해서만 움직인다. 이들은 또한 자기와 유사한 사람들을 만나면 친밀감을 느끼기보다는 경쟁하려는 강한 욕망을 느낀다.

이러한 사람들은 심장병에 걸릴 확률이 높다는 것이 의학 연구에 의해서 밝혀졌다. 이 두 박사의 연구에 의하면 심장병에 걸린 60세 이하의 남자 중에서 90% 이상이 A형의 행동양식, 즉 경쟁심이 강한 사람들이라고 한다.

여기서 중요한 사실은 이들의 대부분이 인간 자체보다는 돈이나 소속 기관에 더 충성함으로써 스스로 희생을 선택했다는 점이다.

아래의 여섯 가지는 당신 자신의 인생을 무너지게 하는 행동 유형이다.

● ●

과도한 노력

과도한 노력이란 늘 자신을 끊임없이 몰아치며 현재에 만족하지 못하는 상태를 말한다. 과도한 노력으로 계획한 일을 더 잘 처리할 수 있을 것 같지만, 오히려 일을 그르치는 경우가 종종 있다. 이러한 지나친 노력은 긴장과 초조감을 불러일으키며 끝내는 육체적, 정신적으로 자신을 해치게 된다.

경쟁적 행동

다른 사람과 비교하며 항상 앞서려는 행동, 매사 모든 일을 경쟁적으로 대하며 사소한 게임에서조차 상대를 이기려는 경쟁심이 발동한다. 경쟁심이 지나치면 아무도 이런 사람을 가까이하려 들지 않는다.

마감 시간에 쫓기는 행동

항상 자기가 정해 놓은 시간에 쫓기면서 틀에 맞춰 살려는 사람이 있다. 자신이 계획한 일이 뜻대로 이루어지지 않을 때에는 신경을 날카롭게 곤두세우며 긴장한다. 그래서 늘 안절부절 어쩔 줄 몰라 한다. 이런 사람은 습관적으로 시간을 자주 확인하는 버릇이 있다.

조급한 행동

항상 일을 빨리 하려고 서두른다.

번잡한 교통체증, 말을 느리게 하는 사람, 버릇없는 아이들, 비능률적으로 행동하거나 일을 처리하는 동료들을 참을 수 없어 한다. 조급한 행동 때문에 일을 다 성사시켜 놓고도 손해를 볼 수 있다.

무뚝뚝한 태도

상대의 무뚝뚝한 태도는 말하는 사람을 불안하게 만든다.

자신의 말을 듣고 있는 상대가 즉각적인 어떤 반응을 보이지 않으면 대개가 제대로 자기 의사를 표현하지 못한 채 성급히 말을 끝내게 된다. 어쩌다 건네는 무뚝뚝한 말이나 행동이 원래의 의미보다 과장돼 보일 수 있다.

일에 대한 지나친 의욕

인간관계 보다 직업, 돈, 재물 등을 중요시하는 사람들은 자신을 파멸의 길로 몰아가기 십상이다. 비록 자신이 원하는 돈과 명예는 얻게 되었다 해도 자신이 진정으로 사랑하는 사람이나 자신을 사랑해 주던 사람은 곁에 있을 수 없다.

당신의 행동이 이상의 여섯 가지 행동 중에 포함된다면 어느 정도 정신적 압박에 시달리고 있는 상태로 판단되며, 이것이 심하면 신경쇠약에 걸리게 된다. 경쟁은 경쟁 상대가 있을 때만 하라. 그 외의 시간은 철저히 자신을 위해서 즐겨라. 그리고 상대에게 질 수도 있다는 점을 겸허하게 받아들여라.

주체성을 가져라

각자 자신의 인생을 사는 것이다.
다른 사람과 비교하여
한탄, 저주, 실망, 또는
오만에 빠지지 말라.

　진정한 부자는 결코 남과 비교해서 자기 재산의 많고 적음을 따지지 않는다. 오늘 1만 원을 벌어도 자신을 부자라고 생각하는 사람이 있는가 하면, 100만 원을 벌어도 그 돈이 적게 느껴지는 사람이 있는 법이다. 그 가치 기준은 항상 자신에게 있다. 남과 비교해서 상대적으로 자신이 부자가 아니라고 느껴진다면 그 사람은 큰돈을 벌더라도 만족하지 못할 것이다.

　인간은 누구나 나고 자란 환경이 다르다. 개개인마다 독특한 개성을 가지고 있고, 처해 있는 상황 또한 각자 다르다. 가난한 가정에서 태어난 사람이 부호의 아들과 비교하여 그 사람 식으로 돈을 번다고 하여 잘살 수 있겠는가.

　경제적인 문제뿐만 아니라 모든 면에서 다른 사람과 비교하면 열등의식에 빠지기 쉽고, 나보다 못한 사람과 비교하면 부질없는 우월감에 젖어 오만해지기 쉽다.

각자 자신의 인생을 사는 것이다. 다른 사람과 비교하여 한탄, 열등의식, 실망, 또는 오만에 빠지지 말라.

주체성이 없는 사람은 중대사를 결정할 때, 자신의 주관과 판단에 의해서 일을 결정하기보다는 주위 사람의 기준이나 권유에 따르기 쉽다. 자기 생각에 중심이 서 있지 않기 때문에 남들이 어떻게 생각하는지 주위를 살피고 행동한다.

아무리 자기 판단이 올바른 것이라 할지라도 주위에서 시큰둥한 반응을 보이면 자신의 뜻을 설득시키기 위해 애쓰기보다는 이내 포기해 버리는 습성이 있다. 이렇게 해야만 주위 사람들로부터 소외되지 않는다고 자신을 위로하기까지 한다.

자신의 생각이 올바로 섰을 때만이 다른 사람들을 의식하지 않게 되는 법이다. 그리고 이같이 주체성이 확고히 서 있을 때만이 자신의 목표를 향해 적극적으로 행동하는 실천력이 생기게 된다.

그렇다고 남들이 생각지 않는 엉뚱한 생각과 무조건 밀어붙이기식의 행동이 옳다고 주장하는 것은 아니다.

주위를 살피는 것도 중요하지만, 우선 자신을 먼저 살피라는 얘기다. 다른 사람들의 눈치를 살피며 그들과 비교해서 앞으로의 일의 향방을 결정한다면 그 계획한 일은 방향을 잃고 한없이 미궁에 빠질 것이다. 그러므로 무엇보다 자신의 상태와 생각을 먼저 살피고 주체성을 갖고 행동에 임하라.

　사람들은 자기 식으로 당신이 행동하기를 바랄 때 항상 다른 사람이 어떻게 행동한다는 것을 당신에게 강조하여 말한다. 아무리 대단한 사람의 성공담을 늘어놓으면서 그 사람과 똑같이 행동하면 성공할 것이라고 옆에서 충고해 준들 그것이 내 상황과 똑같을 수는 없다. 그러므로 이러한 말들에 귀 기울이기보다는 당신 자신을 중심으로 생각하고 행동하라.

기발한 아이디어로 황금알을 낳을 수 있다

당신은 남들이 생각지 않는 것을 생각해 내는
독특한 존재임을 스스로 인정하고 확신하라.
이것이 다른 사람과 비교하지 않는
유일한 방법이다.

우리 사회에서는 보통 사람과 다른 생각을 하거나 행동하는 사람을 이상한 눈으로 쳐다보는 경향이 있다. 반면 특이한 행동을 하는 당사자는 주위와의 이질감 때문에 불안해하거나 사회부적응 현상을 보인다.

세계사를 볼 때 자기 주관이 뚜렷하고 보통 사람들과 다른 행동을 보이며 꾸준히 목표를 향해 노력한 사람들이 숭배의 대상이었다. 나라를 위기에서 구하려는 애국지사, 국가의 부와 발전을 위해 헌신한 역대 왕이나 대통령, 그리고 눈부신 과학발전을 이룩하는 데 공헌한 과학자들, 경제발전에 한몫하며 부와 명성을 거머쥐었던 재벌 등이 이런 종류의 사람들이다.

또한 소크라테스, 간디, 예수 같은 사람도 보통 사람과 다른 비범한 생각을 갖고 있음으로써 비난을 받고 처형당하는 등 온갖 수모를 다 겪었지만 후세에 와서는 길이 존경과 흠모를 받고 있다.

　잘사는 문제도 그렇다. 다른 사람이 생각지 못하는 기발한 아이디어 하나로 거부의 대열에 올라선 사람들이 많다.

　예를 들어 대만의 이름 없는 발명가 홍려는 치약을 짜다가 연필 샤프의 원리를 발견하여 일약 돈방석에 올랐다. 전자관을 만지는 퍼시 스펜서라는 기사는 뜨거운 전자열로 인해 사탕이 녹는 모습을 보고 전자레인지를 발명했다.

　당신은 남들이 생각지 않는 것을 생각해 내는 독특한 존재임을 스스로 인정하고 확신하라. 이것이 다른 사람과 비교하지 않는 유일한 방법이다.

　자신과 똑같은 생각, 야심 그리고 욕망을 갖고 있는 사람은 이 세상에 없다. 그렇다면 굳이 다른 사람의 생각에 따라서 생각하고 행동할 필요는 없지 않은가.

　부자가 된다는 것은 굳이 구두쇠같이 절약하고 개미처럼 일하는 정신에서 만들어지는 소산물만은 아니다. 이처럼 남들이 생각지 않는 기발한 발상과 그 발상을 실천에 옮길 수 있는 용기를 지녔을 때 가능할 수 있다.

　당신은 어떤 유형의 부자가 되겠는가? 남에게 인색하게 굴며 수전노처럼 돈을 긁어모아 그저 남보다 조금 나은 생활을 할 수 있을 정도의 부자가 되길 원하는가, 아니면 빛나는 아이디어를 살려 황금알을 낳는 어장으로 만들 정도의 갑부 중에 갑부를 꿈꾸는가? 그 선택은 오로지 당신 자신에게 달려 있다.

혼자일 때 강해질 수 있다

자신이 혼자라는 사실에 두려워하지 말라.
비로소 혼자일 때
당신은 강해질 수 있고
뭐든 할 수 있다.

K 부인은 어느 날, 신문을 읽고 있는 남편을 보고 있노라니 갑자기 남편이 생소한 사람으로 느껴졌다. 그 전에도 이런 감정은 약간 있었지만, 이십여 년 동안 고락을 함께 해온 이 남편이 낯선 사람으로 느껴진 것은 이 날이 처음이었다. 부인은 갑자기 자신이 홀로 존재해 있음을 깨달았다. 그래서 주체할 수 없는 감정을 안고 나를 찾아온 것이었다.

그녀는 이혼을 해야 할지, 아니면 여행이라도 하여 이런 감정을 털어버리고 계속 전과 같이 생활해야 할지 결정할 수 없었다. 그런데 상담하는 과정에서 그녀는 홀로 존재한다는 사실이 불안감으로 작용하기보다는 자유를 느끼게 해준다는 사실을 깨달았다.

물론 처음에는 남편이 무엇을 바라고 느끼는지 알 수 없었다. 그러나 자신이 혼자라는 사실을 깨달은 것처럼 남편 또한 혼자라는 것을 알게 되면서, 남편이 항상 자기와 같은 생각을 해야 된다는 부담을 느낄 필요가 없다는 것을 알아챘다.

이러한 과정을 통해 부인은 부부가 모든 것을 함께 공유하고 느낀다는 것은 불가능하다는 사실을 깨달았고, 남편에게 이를 강요하지 않게 되었다. 그리하여 부부가 둘이 살지만 인생은 어차피 혼자 살아가는 것이라는 마음이 생기고부터는 남편에게 지나친 의타심을 갖지 않게 되었다. 이렇듯 새롭게 생각이 바뀐 부인은 남편에게 더 이상 비현실적인 기대는 하지 않았으며, 남편과의 불편한 마음도 사라지게 되었다.

이 이야기에서 주목할 것은 홀로 존재한다는 사실을 잘못 해석하는 경우이다. 즉 인간이 홀로 산다는 것을 감옥에 갇힌 죄수처럼 외롭고 버려진 존재로 여기거나, 자기를 이해해 주는 사람이 하나도 없는 것으로 받아들인다면 불행에 빠질 수 있다는 점이다.

이 부인도 홀로 존재한다고 느꼈을 때는 자기 남편이 자기를 이해해 주지 않는 '돈 벌어다 주는 기계'로 여겨졌지만, 상담을 통해서 이런 생각이 잘못된 것임을 자각하게 된 것이다.

그녀는 인간관계를 통해 다양한 경험을 할 수 있을지 모르나 정신적으로 제아무리 자신과 동일한 생각을 가지고 있는 사람이라도 같이 있길 바라는 것은 잘못된 생각이었음을 깨닫게 되었다. 다시 말해 우리의 마음은 타인이 침범하지 못하는 통제구역인 것이다.

당신은 이 세상에서 특별한 존재이므로 고독한 혼자만의 길을 갈 수밖에 없다.

이 세상에 나와 똑같은 사람은 아무도 없으므로 수백 명의 사람들과 어울려 있을 때에도, 혹은 사랑하는 사람과 단둘이 있을 때에도 혼자로서의 당신 자신이 존재한다는 사실에는 변함이 없다.

혼자라는 것은 자신의 감정과 생각으로 이 세상을 살아간다는 사실을 의미한다. 이 세상에 자신이 '혼자' 서 있다는 사실을 알 때 불안감을 느낄 수도, 해방감을 느낄 수도 있다. 해방감을 느끼느냐, 불안감을 느끼느냐는 당신의 선택에 달려 있다.

이같이 홀로 존재한다는 것은 인간에게 큰 힘을 줄 수도 있고, 불행을 줄 수도 있다.

그러나 인생을 보람 있게 행복하게 산 사람들, 잘사는 사람들은 남의 행동을 쫓아가기보다 자기 마음대로 처신한 사람들임을 기억하라.

적극적으로 산다는 것은 자신이 느끼는 것을 다른 사람도 같이 느끼기를 바라는 것이 아니라 자기가 바라는 대로 살아가는 것이다.

앞서 말한 부인의 경우, 남편이 신문을 보고 있는 모습을 지켜보며 그녀가 생각했던 순간을 일생에서 가장 잊지 못할 것이다. 바로 그 순간 그녀는 남편에게서 벗어나 자신만을 위한 삶을 보다 적극적으로 꾸려가야겠다는 극히 평범한 진리를 터득했을 것이다.

그 경험을 통해서 우리 인간은 하나의 외딴섬이며, 다른 섬과도 왕래할 수 있고 육지와도 왕래할 수 있지만 그 섬 안에서 이루어지는 현상은 다른 섬에서 일어나는 현상과 근본적으로 다르다는 이치를 깨달았던 것이다.

늘 깨어 있는 자, 남보다 한 발 앞서 있는 자, 남보다 많은 재산이나 명예를 가진 자는 고독하다. 그러나 그들은 그 고독을 남들과 공유하려 하지 않는다.

인간은 혼자일 때 가장 이성적일 수 있고, 강해질 수 있다. 때로 우리는 나보다 똑똑하고 나보다 가진 것이 많거나 명예를 거머쥐고 있는 자를 부러워하기도 하고 비웃기조차도 한다. 그러나 그들은 자기가 가지고 있는 재산만큼, 누리고 있는 권세나 명예만큼 외롭고 고독하기 짝이 없다.

그들은 누구보다도 인간은 혼자일 수밖에 없다는 점에 순응하며, 자신을 보다 강하게 다지며 자신의 앞날에 대해 계획한다.

자신이 혼자라는 사실에 두려워하지 말라. 비로소 혼자일 때 당신은 강해질 수 있고 뭐든 할 수 있다.

남과 비교하는 말들에 무심해라

용기 부족으로
자신의 권리를 포기하지 말라.
당장의 빵은 해결될지 모르나
자신의 영원한 권리를 잃게 된다.

다음은 내 기준이 아닌 다른 사람을 기준으로 쓰이는 말들이다. 이런 말을 사용하지 않도록 함은 물론, 이런 말을 하는 사람으로 인해 당신의 뜻을 굽히는 일이 절대 없도록 유의하라.

"당신은 왜 그렇게 하지 않소?"
이런 말은 권위를 내세우는 사람들이 부하나 종업원들을 부릴 때 사용한다.
"넌 왜 그렇게 하지 못하느냐?"
이 말은 부모가 자식들을 다그칠 때 사용하는 말이다.
"당신 외에는 불평하는 사람이 없소."
이는 당신에게 희생을 강요하며 자기 권리 주장에 약한 사람들과 똑같이 취급하기 위하여 사용하는 상투적인 말이다.

정당한 권리를 주장하는 용기 있는 당신을 불순분자 취급하듯 하여 회사에서 몰아내려는 말에 불과하다.

"세상 사람들이 당신 같아서야 세상이 어떻게 되겠는가?"

이것은 당신과 같은 사람이 세상에 판치게 되면 이 세상은 무정부 상태가 될 것이라며 당신이 저지른 일이 얼마나 엄청난 것인지 일종의 죄책감을 유발시킬 때 사용하는 수단이다.

"현재 위치에 만족하라."

이런 술책은 마치 "옛날에 밥도 못 얻어먹던 시절을 생각하라"는 말과 같다. 지금 받아야 할 임금이나 근무조건 개선 등이 당연히 요구할 수 있는 권리임에도 불구하고 과거 임금도 제대로 못 받던 시절을 상기시켜 지금의 현실에 만족하게 하려는 수단이다.

만일 당신이 이러한 술책에 걸려들면 희생당하기 쉽다. 일단 이 술책에 넘어가게 되면 주눅이 들어 아무 말도 못하게 되고, 당신의 당연한 권리마저 찾지 못하게 된다.

"다른 사람들 모두 이렇게 하니까 당신도 그렇게 해야 돼."

이 경우, '다른 사람'이란 말에 굉장히 힘이 들어가 있어 보통 사람이라면 무의식적으로 이 말에 압도된다.

당신에게 뭔가 희생을 강요할 때, 그래서 어떤 일을 지시하는 대로 따라서 해줄 것을 요구할 때 사용되는 말이다. 당신의 입에서 만일 '다른 사람'이 누구냐고 묻는다면 상대방은 대답하기 곤란할 것이다. 소위 그 다른 사람이란 존재하지 않는 경우가 많기 때문이다.

　이들의 술책에 넘어가, 존재하지도 않는 다른 사람을 의식하여 당신이 할 일을 못한다면 잘살 수 없지 않은가.

　당장 해고될지도 모른다는 불안감 때문에, 또는 용기 부족으로 자신의 권리를 포기하지 말라. 당장의 빵은 해결될지 모르나 자신의 영원한 권리를 잃게 된다. 더 나은 미래는 앞으로 기대할 수 없게 되며, 단지 지금의 상태를 견뎌내는 길밖에 없게 된다.

비교의 함정에 빠지지 않으려면 이렇게 하라

자신이 행복하게 잘살고
성공하길 바란다면
자기 자신을 가장 중요한 기준으로 삼아
가장 귀한 고문으로 모셔야 한다.

당신은 우선 상대가 당신에게 어떻게 피해를 주려는지 파악하고, 피해를 주려는 상대에게 역공세를 취하는 것이 현명하다.

상대가 당신을 남과 비교해서 당신이 하려는 행동을 못하게 할 경우 아래와 같이 대처하는 것이 좋다.

● ●

비교 당해도 당황해하거나 불안해하지 마라

상대가 다른 사람을 들먹이면서 당신도 그 사람처럼 해야 한다고 말해 올 경우, 남과 나를 비교하는 것은 아무 관계가 없다고 생각하라. 다른 사람에게도 나에게 한 말과 똑같은 술책을 쓸 것이라는 것을 미리 알아차리고 당황해하거나 불안해하지 말라.

만약 이런 상황에서 당신이 당황해하며 화를 내거나 불안한 기색을 보이면 상대의 술책에 넘어간 것이다.

● ●
자신의 뜻을 적극적으로 표시하라

다른 사람의 예를 들면서 왜 당신은 똑같이 하지 않느냐고 말할 경우, "왜 내가 다른 사람과 똑같이 해야 합니까?" 이렇게 대답하라. 당신의 희생을 강요해 오는 사람들은 또 다른 요구를 해오거나 처음의 요구 사항을 고집한다. 즉 다른 사람의 얘기를 자꾸 들추어내는 사람에게는 이 말을 듣기 전에 위에서 한 말을 분명히 일러두어야 한다.

이렇게 상대방의 말을 가로막으며 자신의 뜻을 적극적으로 표시하는 것이 당신에게는 최선책이다.

당신 쪽에서 이러한 상대이 술책에 넘어가 당황해히며 물러시거나 인정하는 빛을 내보이게 되면 상황은 상대방에게 유리하게 전개된다. 상대가 어떤 수를 써도 소용없다는 것을 입증해 줄 수만 있다면 더 이상 당신의 희생을 강요하지는 못할 것이다.

다른 사람에 대한 언급을 무시하라

다른 사람에 대한 말만 나오면 대답을 하지 않고 무시하는 것도 좋은 방법이다. 이렇게 침묵을 지키는 것은 가족관계에서도 효과적이다.

"그 사람 이야기는 잘 들었습니다. 저도 저의 이야기를 좀 하겠어요."

이렇게 말하라. 이 말을 듣고 있던 상대방은 처음엔 곤란해하지만 결국은 당신이 얼마나 현명한 사람인가를 깨닫게 되고, 더 이상 요구하지 않게 된다.

상대방이 도움이 안 되면 피하라

규칙이나 모든 사람들을 들먹이면서까지 얘기했는데도 도저히 당신에게 도움이 안 될 것 같다고 판단되면 그 사람과의 얘기를 중단하고 자리를 피하는 것이 좋다. 이런 판단이 든 이후에도 계속 이야기를 주고받다가는 오히려 함정에 걸려들 위험이 있다.

내가 이 사람과 이야기해서 무엇을 얻을 것인가?

어떤 사람이 남과 비교해서 당신의 의도를 꺾으려고 할 경우,

'내가 과연 이 사람과 이야기해서 무엇을 얻을 것인가?'

속으로 이렇게 생각해 보는 것도 좋다.

이런 생각은 상대방의 태도에 당황해하지 않고 상대의 의도에 휘말리지 않으려고 사전에 준비자세를 취하는 것과 같다. 다시 말해 상대의 함정에 걸려들지 않고 당신의 주장을 중심으로 이야기를 끌고 가기 위함이다.

상대방의 욕구가 무엇인지 지적하라

상대방이 중요한 위치에 있거나 힘이 있다는 것을 인정받길 원하는지, 아니면 존경받기를 원하는지 간파하여 다음과 같이 말해 준다.

"상당히 바쁘시겠네요."

"경험이 많으시겠어요."

이같이 말함으로써 당신의 뜻을 관철시킬 수 있는 고지에 올라설 수 있다.

이렇게 상대방의 욕구나 마음을 인정해 주고 이해를 표시해 주면 상대방은 당신의 일을 도와주려는 호의를 갖게 된다.

예상 밖의 반응을 나타내라

"그런 방침은 이런 경우에 반드시 적용이 안 됩니다."

이렇게 점잖게 말하는 것이 당황해하거나 화를 내는 것보다 훨씬 효과적이다. 상대에게 당황해하는 기색을 절대 보여서는 안 된다. 상대는 이 기회를 놓치지 않고 당신을 자신에게 유리한 쪽으로 이끌려고 할 것이다. 그러므로 침착하게 대처하라.

자신이 희생을 강요하는 존재가 되지 않도록 하라

상대와 말하면서도 스스로 남과 비교하는 식의 언행을 하고 있지는 않은지 생각해 본다. 상대와 말하기 전에 먼저 자신에게 은연중 남과 비교하는 습성이 있는지 살펴보라. 만약 그렇다면 당신의 이 같은 남과의 비교 습성 때문에 상대의 요구대로 휘말릴 가능성이 높다.

우상으로 삼고 있는 사람을 지워버려라

자신이 스스로 영웅이 되어라. 즉 이 세상의 어느 누구처럼 되고 싶다는 기대를 갖지 말라.

물론 어떤 사람의 업적을 높이 평가하는 것은 좋지만, 당신도 귀중한 존재임을 잊지 말라. 만일 당신이 언제나 다른 사람처럼 되길 희망한다면 당신은 남의 조종을 받기 쉽다.

● ●

일상 대화를 유익한 경험으로 삼아라

앞에서 설명한 것들을 하나하나 실천하는 데에서 재미를 느껴라. 일상 대화를 너무 어렵고 심각하게 생각하면 남에게 희생되기 쉽다. 너무 심각하게 생각하지 않고 편안하게 행동할 때, 효과적으로 자신의 일을 해결할 수 있다.

대화를 성공적으로 하여 자기 뜻을 관철시키는 사람은 거의 자연스럽게 행동하고, 너무 밀어붙이지 않으며, 꼭 이기겠다는 강박관념을 갖지 않는다.

자신이 행복하게 잘살고 성공하길 바란다면 자기 자신을 가장 중요한 기준으로 삼아 가장 귀한 고문으로 모셔야 한다.

남과 당신을 비교하면서 마음대로 조종하려는 상대방에게 결코 손해 보지는 않겠다는 확실한 태도를 보이고 실천에 옮겨라. 그러면 당신에게 손해를 입히려던 상대방도 포기하고 돌아설 것이다.

PART
03

나는 성공할 수 있다

당신 자신을 만족시키는 성공의 척도

진정으로 인생에 승리한 자,
성공을 거둔 자는
동료들의 면목을 상하게 하거나
피해를 주지 않는다.

요란한 허풍쟁이 D라는 사람이 있었다. 그는 30대 후반에 접어들었으나 몇 년 전에 실직하여 지금은 가족의 생계를 꾸려나가기도 어렵게 되었고, 그렇다고 앞으로의 특별한 계획이나 전망이 있는 것도 아니었다. 그는 직장을 구하려고 무려 십여 곳에 이력서를 냈으나 번번이 실패했다면서 끝내 일자리를 얻지 못할까 봐 두려움에 사로잡혀 있었다.

그런데 그는 저명인사를 들먹이면서 요란하게 떠벌리는 허풍쟁이였다. 그는 유명인사들이 자기의 친구라도 되는 양 그들의 얘기를 들추지 않고는 직성이 풀리지 않는 듯했다. 문제는 그의 자랑이 전부 거짓이었고, 마음속에 무엇을 간직하지 못하는 사람이었으며, 자신을 증명할 필요를 느끼고는 있지만 다른 사람들이 인정하지 않으면 낙심하여 어쩔 줄 모르는 그런 사람이었다는 것이다.

나는 그런 그와 상담하면서 중요한 사실을 깨달았다. 그는 자기가 얼마나 중요한 사람인가를 인정받고 싶어했지만, 이 지나친 욕구는 자신이 무가치하다는 생각에서 비롯된 것이고, 무가치하다는 느낌은 그가 직장을 잃어 자신을 패배자로 생각하고 있다는 데 그 원인이 있었던 것이다. 그는 만나는 사람마다 지난 과거에 자신이 얼마나 훌륭한 사람이었던가 보임으로써 허탈한 감정을 보상받으려 했다.

그러자 사람들은 그의 그런 태도를 외면했고, 그가 허세를 부릴수록 사람들로부터 점점 더 무시당하고 소외당했다.

그는 상담을 하면서 자신의 결점을 깨닫게 되었고, 자신의 훌륭한 경험은 속으로 간직하고 다른 사람에게 자랑하지 않는 것이 좋다는 이치를 알게 되었다.

이와 비슷한 경우는 사회에서 얼마든지 접하게 된다. 자신은 이렇게 좋은 일을 한다면서 방송매체에 대대적으로 알리는 사람이 있는가 하면, 작은 구멍가게를 하여 번 돈을 장학금으로 기탁하는 이름 모를 선행자도 있다.

이를 받아들이는 사람의 마음이란 아무래도 말없이 선행하는 사람에게 더욱 관심이 쏠리게 마련이다.

물론 당신의 인생 경험을 남에게 말하는 것 자체는 나쁠 것 없다. 그러나 어떤 경험이나 승리를 당신 자신이 만족하기도 전에 남에게 이야기할 필요를 느낀다면 당신은 다른 사람의 인정에 구걸하는 입장에 놓인다. 즉 다른 사람이 자기 업적을 인정해주지 않으면 당신은 좌절을 느끼면서 자기 인생 자체가 다른 사람의 지배를 받게 된다.

진정으로 인생에 승리한 자, 성공을 거둔 자는 동료들의 면목을 상하게 하거나 피해를 주지 않는다. 자신의 성공을 위해 주위 사람들을 무시하거나 피해를 준다면 다른 사람이나 피해자들은 반드시 당신에게 보복할 것이다.

그러므로 중요한 것은 남이 평가하기 이전에 당신 자신의 성공을 스스로 어떻게 받아들이고 있느냐에 달려 있다.

자신감이 있는 사람은 자신을 만족시키는 데서 충분한 가치를 느낄 것이다. 그러나 자신감이 부족한 사람은 자신의 가치를 입증하기 위해 타인에게 의지하고 다른 사람을 쳐다보며 인정받고자 노력하여 결과적으로 남에게 조종당하는 신세가 된다.

공적으로 인정받을 만큼 뛰어난 재력가나 유명인은 스스로 잘났다는 것을 티내지 않아도 주위에서 그 가치를 인정해 준다. 남에게 인정받기 위해 노력하기보다는 자신이 만족할 수 있을 만큼의 재력가, 실력자, 행동가가 되길 바란다.

나만의 세계를 지켜라

부자로 성공하기도 힘들지만, 성공된 삶을 지키는 것 또한 어렵다.
자신의 사생활을 잘 지켜라.
그것이 바로 당신이 힘들게 쌓아 올린 공든 탑을
무너뜨리지 않고 지키는 길이다.

헨리 데이비드 소로는 월든 호반에서 2년 동안 고독하게 살았다. 그리고 그때의 경험을 『숲 속의 생활』에서 다음과 같이 묘사했다.

사람들은 나에게 말하기를 혼자서 사니까 상당히 외로울 것이고, 사람이 그리울 것이라지만, 내가 왜 고독을 느껴야 하는가? 이 지구 자체가 은하계 속의 고독한 존재가 아닌가? 대부분의 시간을 혼자서 지낸다는 것은 건전한 일이라고 생각한다. 나는 혼자 있을 때 혼자라는 생각보다 '전체'라는 것을 가끔 느낀다.

나는 아무리 친한 친구와 함께 있어도 곧 지루함을 느끼고 마음이 흐트러진다. 나는 혼자 있기를 좋아한다.

당신이 물론 소로처럼 될 수는 없다. 21세기를 살고 있는 현 시점에서 이렇게 태평하게 은둔 생활을 할 수 있는 처지가 못 된다. 삶의 격전장에 뛰어 들어가서 경쟁자를 물리쳐야 잘살 수 있을 지경이다.

그러나 그의 말에는 우리가 받아들여야 할 진리가 담겨 있다. 즉 당신의 만족을 위해 다른 사람들이 당신을 이해하고 곁에 있어주길 기대할 필요는 없다는 것이다.

당신이 실제 이런 기대와 희망을 가지고 다른 사람들과 생활한다면 행복을 느낄 수 없다.

만일 당신이 자신감에 차 있다면 지금까지 느꼈던 고독감이나 소외감은 사라지게 되고, 혼자 있는 것도 어렵지 않게 된다.

당신의 사생활은 인생에 있어서 매우 중요하고, 행복을 얻는 데 필수적이다.

자신의 삶을 잘 영위하는 사람은 주위 사람들이 자신을 이해해 주길 바라지 않는다. 또한 자신의 생각과 느낌을 같이 공감해 주기를 원치도 않는다.

남에게 굳이 인정받으려 하지 말고 개인적 일을 비밀로 간직한다는 점이 잘사는 사람들이 갖고 있는 특성이다. 그렇다고 이들을 마치 은둔 생활자로 취급하려는 것은 아니다. 잘사는 사람들, 즉 소문난 재력가나 남에게 추앙받을 만큼 덕망 있는 사람이나, 명예를 소중히 지키는 사람들은 자신의 사생활을 지키는 데 철저하다는 뜻이다.

이 말은 주위에는 그만큼 당신의 사생활을 부정하고 침해함으로써 당신을 희생시키려는 사람들이 많다는 뜻도 되고, 그들은 그만큼 조심하여 자신의 재산과 명예를 지켰다는 의미도 될 것이다.

부자로 성공하기도 힘들지만, 성공된 삶을 지키는 것 또한 어렵다. 자신의 사생활을 잘 지켜라. 그것이 바로 당신이 힘들게 쌓아 올린 공든 탑을 무너뜨리지 않고 지키는 길이다.

가급적이면 소모적인 논쟁은 피하라

논쟁을 위한 논쟁은 하지 말라.
당신의 성공에
아무 이득이 되지 않는
논쟁에 휩싸이지 말라.

주차장에서 일어났던 에피소드 하나를 소개하겠다.

H씨는 차에서 내리면서 옆에 대기하고 있던 자동차 문에 부딪쳤다. 그러자 그 차에 타고 있던 운전 기사가 인상을 험악하게 일그러뜨리며 나와서는 소리를 지르는 것이었다.

"이봐요, 문짝이 찌그러지기라도 하면 어떡할 거요?"

H씨는 이렇게 소리치는 운전 기사에게 정중하게 말했다.

"정말 미안합니다. 고의가 아니었습니다. 파손된 부분이 있으면 변상해 드리겠습니다."

그러자 그렇게 험악한 표정을 짓고 한 대라도 때릴 듯이 사납게 윽박지르던 운전 기사의 태도가 수그러들었다.

"아, 괜찮습니다. 그렇게 말하니 제가 도리어 미안하군요."

차는 다행히 긁힌 자국도 없었다. 두 사람은 악수를 하고 웃으면서 헤어졌다.

이 작은 사건에서 우리는 한 가지 이치를 배울 수 있다. 만일 자신의 입장을 상대방에게 이해시키려고 논쟁을 벌였다면 틀림없이 감정이 폭발되고 그 같은 논쟁의 희생자가 되었을 것이라는 점이다.

'서로 다투는 것은 사랑의 증거'라는 속담이 있다. 그러나 논쟁 때문에 당신이 피해를 입는다면 이 속담은 맞지 않다.

때로는 어떤 사람과 논쟁을 하다가 이성을 잃고 흥분하는 것도 모자라 폭력마저 동원되는 경우도 있을 것이다. 이러한 행동이 정상이 아님은 분명하다. 그 결과 자신은 패배자이자 희생자로 전락하고 만다.

논쟁이 건전한 것이라는 생각조차 버려라. 어느 누구에게도 해가 되지 않는다면 유익한 것이 될 수도 있으나, 실제 논쟁은 서로에 대한 비난과 감정 폭발로 인해 끝내 서로에게 상처와 피해를 주게 된다.

당신을 이해하지 못하는 사람과의 토론은 흔히 서로의 생각을 고집하게 되는 결과가 된다. 즉 논쟁은 상대방의 고집을 꺾는 것이 아니라 인정해 주는 결과를 낳는다.

우리 사회 현실 속에서도 사소한 논쟁으로 인해 피해가 생기는 경우는 흔히 있다. 부하 직원의 말을 들었더라면 회사를 지킬 수도 있었는데, 사소한 논쟁과 자신의 고집 때문에 일순간 부도를 맞게 되는 사태도 벌어질 수 있는 것이다.

이럴 때 논쟁에서 이긴다는 것이 무슨 의미가 있는가? 물질적인 손해뿐만 아니라 그에 따른 정신적, 육체적 소모를 따져볼 때 당신에게 득이 될 것이 하나도 없다.

논쟁을 위한 논쟁은 하지 말라. 당신의 성공에 아무 이득이 되지 않는 논쟁에 휩싸이지 말라.

일도 사업도 친구처럼 부드럽게 대하라

누구보다 자신의 실수를 자기가 잘 알 상황이라면
호되게 상대를 야단친다고 해결될 일이 아니다.
다시 잘 할 수 있다는 신념을 심어주어라.
마치 우정 어린 친구의 실수를 달래주듯이.

나는 이혼 직전에 있는 부부들로부터 이혼하게 되면 원하던 자유를 찾을 수 있을 것이라는 말을 자주 듣는다. 이 말을 들을 때마다 흥미를 느끼면서, 왜 많은 사람들이 이혼을 자유와 결부시켜 생각하는지 의문을 갖게 된다.

그런데 실제로 결혼생활을 하면서 자신이 자유롭다고 느끼는 경우는 별로 없다. 대부분이 일종의 구속감을 느끼는 게 사실이다. 항상 가족의 기대에 맞추기 위하여, 자신을 이해받고자 즉 인정받기 위해 끊임없이 노력해야 한다는 것이 심적 부담감을 안겨주기 때문이다.

가족의 기대를 맞추려고, 또는 항상 가족에게 자신을 이해받고자 하는 생각을 이쯤에서 버려라. 이 두 가지에 얽매이지 않는다면 결혼생활은 활기를 되찾을 수 있다.

사회생활 또한 마찬가지이다. 맡겨진 일을 아무리 빨리 잘 처리하고 싶고, 이번 일만 잘 처리되면 큰돈이 내게 굴러 들어올 상황이라 해도 나와 같이 일하는 동료, 밑의 부하직원과 손발이 맞지 않으면 일을 그르치게 마련이다. 일을 처리하는 도중 비록 상대가 실수했어도, 기회를 한 번 더 주어라.

누구보다 자신의 실수를 자기가 잘 알 상황이라면 호되게 상대를 야단친다고 해결될 일이 아니다. 다시 잘 할 수 있다는 신념을 심어 주어라. 마치 우정 어린 친구의 실수를 달래주듯이.

성공한 사람 뒤에는 항상 자신을 믿어주는, 실패의 순간에도 좌절하지 않고 일어설 수 있는 용기를 심어준 사람들이 있다. 그들은 먼 훗날 성공하게 되면 지난날 곁에서 우정 어린 따뜻한 말 한마디를 건네주던 직장 상사, 동료, 거래처 직원 등의 말을 잊지 못할 것이다.

가정생활에도, 직장생활에도 우정의 정신을 가지고 가족과 직장 동료와 상사를 대하면 원만하고도 평화로운 일상생활을 영위할 수 있을 것이다.

마찬가지로 성공을 원한다면 성공 그 자체를 위해서 주위 사람들을 멀리하거나 그들을 이용하거나 투쟁하지 말고 그들과 친구처럼 가까워져라. 당신이 가장 힘들고 어려운 상황에서 그들의 따뜻한 말 한마디가 당신 인생을 바꾸어 놓을 수 있다.

불행은 멀리할수록 득이 된다

불행한 자를 가까이하면 당신도 불행해진다.
항상 나보다 나은 사람, 성공한 사람들을 가까이하라.
그들의 밝고 긍정적인 사고와 뛰어난 능력과 순발력,
따뜻한 인간애를 본받도록 노력하라.

우울한 사람들을 대하는 태도에 대해서 리디아 시고니(18세기 미국의 여류 시인)는 이렇게 지적했다.

누군가가 말했다. '슬픔은 마음의 병이므로 슬픔에 초연해야 한다.' 이것은 당연한 말이다. 왜냐하면 슬픔은 영혼의 병이기 때문이다. 인생에는 불행한 일이 많다. 그러나 모든 사물을 밝은 면으로 보고, 또한 의심스러운 일도 잘 해결될 것이라는 강한 믿음은 놀라운 해결방법을 끊임없이 제시해 준다. 우울한 마음은 불행을 더욱 악화시키지만, 밝은 미소는 폭풍을 예고하는 구름을 흩어버린다.

언짢은 표정을 짓거나 자주 투덜대며 우울한 마음을 고치려 하지 않는 사람을 대하는 가장 좋은 방법은 그들과 만나지 않는 것이다. 이렇게 말하면 몰인정하다고 하겠지만 이 방법이 가장 좋다.

언제나 시무룩한 표정을 짓고 투덜대는 사람들은 남의 시선을 끌려고 우울한 표정을 짓고는 당신을 그들의 불행 속으로 끌어넣으려고 한다.

가능하면 행복을 추구하고 잘살려고 애쓰는 사람들을 찾아 그들과 함께 생활하도록 노력하라. 세상이 불공평하다고 투덜대는 사람들과 자리를 같이할 필요는 없다. 당신은 불행한 사람들을 위로하거나 도와줄 수는 있으나, 그들을 불행으로부터 빠져나오게 할 수는 없다.

그런 사람들에게 연민의 정을 느끼며 계속 그들과 가까이하면 그들은 더욱 이맛살을 찌푸려 가면서 우울한 표정을 지어 당신의 주목을 끌려 할 것이다. 이때 그들의 태도에 더욱 동조하며 이끌려 가다가는 그들이 태도가 달라지기는커녕 더욱 강화되어 당신은 사태를 더 조장시키는 결과를 초래하게 된다.

그러므로 당신은 이제 냉정하게 외면할 필요가 있다. 외면하면 그들 또한 분명히 일어나 자기 인생을 위해 건설적인 일을 하게 되고 잘살기 위해 노력할 것이며, 당신도 현재를 좀 더 가치 있게 살 수 있게 될 것이다.

평생을 두고 자신의 행동과 태도를 고치지 않으려는 사람들과 가까이 지낸다면 가장 어리석은 사람이 될 것이다. 재난과 불행뿐인 이들의 삶에 이끌리는 사람이 되어서는 안 된다.

불행한 자를 가까이하면 당신도 불행해진다. 항상 나보다 나은 사람, 성공한 사람들을 가까이하라. 그들의 밝고 긍정적인 사고와 뛰어난 능력과 순발력, 따뜻한 인간애를 본받도록 노력하라.

상대의 이해와 변명을 잘 간파하라

다른 사람들의 이해를 바라지 말고,
오직 현재를 충실히 적극적으로 살아가라.
모든 사람들에게서 이해받을 수 없다는 사실을 기억하자.
오직 당신 자신의 생각에 달려 있다.

아래에 열거한 예는 당신의 언행을 이해할 수 없다는 구실로 당신에게 피해를 가하는 사례들이다. 이들의 상투적인 말들을 잘 간파하라.

왜 그런 일을 하는지 나는 이해할 수 없어

이 말에는 당신이 하고 있는 일에 대해서 남에게 이해시킬 책임이 있다는 뜻이 들어 있고, 또한 동시에 이해시키지 못하면 당신의 탓이라는 뜻이 내포되어 있다.

이런 말을 하는 사람들은 당신이 한 일이 불만스럽고도 황당하게 여겨져 자기가 이해 못하는 일을 당신이 했다는 사실에 항의하는 의미가 담겨 있다.

●●

그런 말은 처음 듣는다

이 말에서는 당신의 행동이 매우 잘못되었다는 것을 강하게 암시하고 있다. 이 말을 한 사람은 당신의 행동에 심한 충격을 받은 것처럼 보여 당신으로 하여금 잘못을 알게 한 뒤, 자기 뜻대로 당신을 조종하려 하는 것이다.

●●

당신이 나를 당황케 했다

이 말에는 '나를 당황케 한 것은 당신이다'라는 뜻이 강하게 들어 있다. 당신이 남에게 이해받기를 바란다면 당신을 이용하려는 사람은 이 방법을 사용한다. 희생을 강요하는 사람들은 당신이 다른 사람의 이해 없이는 불안하다는 사실을 알고 이런 방법으로 당신에게 접근한다.

●●

지금이 어느 때인가?

이 말에는 독서나 낮잠 등 당신이 여가를 선용하는 것을 막을 수 있는 힘이 있다. 이 말에도 상대의 계획대로 당신을 순종시키려는 강한 의도가 담겨 있다. 어쨌든 이처럼 희생을 강요하는 자의 말에 의해서 당신의 지금 할 일이 결정되게 된다.

위의 예들은 상담을 통해서 들었던 사례들로, 자신이 이해할 수 없다는 구실로 남에게 피해를 입히려 했던 예들에 해당한다. 흥미로운 사실은 이 말들이 상담자들이 그들의 친구, 동료, 친척, 이웃이라는 허울 좋은 이름의 사람들로부터 괴로움을 당할 때 들은 말이라는 점이다. 다음에서는 이러한 사람들에게 어떻게 대처해야 할지 생각해 보자.

당신의 입장을 밝히기 싫다면 밝히지 않아도 된다. 남에게 당신의 행동과 말에 대해서 굳이 이해시키거나 설명할 필요는 없다.

●● 다른 사람을 이해시킬 수 있다는 생각부터 버려라

경우에 따라서는 오해를 받아도 상관없다는 태도를 보여주어라. 사회생활을 하다 보면 오해를 빚는 일이 자주 일어날 수 있으므로, 오해의 여지가 있는 행동을 했다고 해서 당신에게 어떤 결함이 있다거나 비정상적이라는 증거는 없다. 이 말을 상기하며 자신의 일에 충실해라.

● ●
더 자세히 말해 달라는 낯선 사람의 요구는 무시하라

당신이 하고자 하는 행동이 경우에 따라서는 다른 사람이 도저히 이해할 수 없는 것일 수도 있다. 다른 사람이 이해하지 못한다고 해서 미안해하거나 부담 같은 것을 느낄 필요는 없다. 다른 사람이 당신의 행동을 이해 못한다고 해서 자신을 포기해서도 안 된다. 필요하다면 상대방의 요구를 무시하라.

● ●
억지로 당신을 괴롭히는 사람은 피하라

식당과 같은 장소에서도 허풍을 떨거나 그런 행동을 뻔뻔스럽게 하는 사람을 만나면 참고 견디지 말고 즉시 그 자리를 피하라. 이런 행동은 당신에게도 좋고, 야비한 행동을 하는 그 사람에게도 경고가 된다.

● ●
불행을 이야기하는 사람에 대해서는 본인 탓인 양 말하라

이렇게 말하면 상대방은 이제는 어쩔 수 없다고 생각한다. 그 사람은 처음에는 이렇게 말한 데 대해 섭섭하게 생각하겠지만, 시간이 흐를수록 당신을 이해하고 결국은 존경하게 된다.

● ●

사생활을 행동으로 지켜라

　남의 쓸데없는 이야기를 듣는 데 시간을 낭비하지 말고, 혼자서 보람 있게 시간을 보내는 습관을 길러라. 산책, 낮잠, 독서 등 하고 싶은 것을 즐기고, 다른 사람의 판단이나 평판이 두려워 자신의 사생활을 포기할 필요는 없다.

● ●

구두쇠, 괴짜 등 별명을 붙여도 대범한 태도를 보여라

　다른 사람이 당신에게 뭐라 그러든 개의치 말라. 그 같은 평판을 두려워하다 보면 자신이 원하는 일을 할 수가 없다. 자신의 하나뿐인 인생이 남의 평판에 의해 좌지우지되게 내버려 둘 수는 없다. 대범한 태도와 적극적인 자세로 자신의 삶을 개척하라.

● ●

원하지 않을 때에는 주저 말고 거절하라

　당신이 싫은 것을 권할 때는 주저 없이 거절하고, '미안하지만' '죄송합니다만' 따위의 말은 하지 말라. 이러한 변명은 상대방으로 하여금 더욱 강경하게 권유해 달라는 요청으로 들린다.

원하지 않는 논쟁에 말려들지 말라

"이런 식의 논쟁을 계속하고 싶지 않습니다." 혹은 "서로가 냉정을 되찾아 인격적으로 이야기합시다." 식으로 단호하게 말하라. 이때 중요한 것은 당신의 단호한 태도를 끝까지 고수하는 것이다. 즉 상대방의 위협에 무릎을 꿇어서는 안 된다.

사소한 일이라도 편한 대로 하라

다른 사람의 오해가 두려워서 마음에 원치 않는 일을 해서는 안 된다. 예를 들어서 친척이나 친지를 만났을 때, 하고 싶지 않은 키스나 포옹을 하지 말라는 것이다.

자신에 관해서 사과하는 태도를 버려라

당신의 행동을 다른 사람이 싫어한다고 하여 사과하거나 변명하지 말고, 과거의 행동에서 무엇인가를 배워야 한다. 만일 당신의 행동으로 누군가가 피해를 입었다면 앞으로는 조심하겠다고 약속하라. 다른 사람이 이해하지 못한다고 해서 그 책임이 전적으로 당신에게만 있는 것은 아니다.

주위 사람들의 사생활에 대해서 나쁘게 얘기하지 말라

어떤 일을 밝힐 경우, 그것에 관계된 사람에게 불리하게 말하지 말고 요령껏 은폐하라.

당신은 모든 사람에게서 이해받을 수 없다. 모든 사람들에게 당신 자신을 입증해야 한다고 느낀다면 틀림없이 당신은 희생자가 될 것이다.

다른 사람들의 이해를 바라지 말고, 오직 현재를 충실히 적극적으로 살아가라. 모든 사람들에게서 이해받을 수 없다는 사실을 기억하자. 오직 당신 자신의 생각에 달려 있다.

판단과 현실

자신에 대한 확신을 가지고
성공을 꿈꾸는 자는
자신의 미래에 대해 비관적인 사람보다
성공률이 몇 백 배 높다.

인간이 우주를 향해 말했다.
"나는 존재해야만 합니다."
우주는 이렇게 응답했다.
"그래서 어쨌단 말이냐?
당신이 존재해야 하는 일에 나는 의무감을 느끼지 않아!"

이 글은 스티븐 크레인의 저서 『전쟁은 친절하다』에 나오는 글귀이다. 위의 글을 간단히 풀이하면 당신이 우주 속에 존재해도, 우주가 결단코 당신의 생각이나 판단대로 움직일 의무가 없다는 뜻이다. 이 말은 현실 세계의 기본 원리를 담고 있다고 볼 수 있다. 즉 세상은 당신에게 행복한 생활을 가져다줄 의무가 없고, 또 그렇게 생각하면 생각할수록 행복한 생활을 하기 어렵다.

현실은 당신의 판단이나 기대에 관계없이 존재하고 흘러간다. 그렇다고 당신이 불공평하다고 생각되는 부분을 바꾸려는 노력조차 하지 말라는 것은 아니다.

왜냐하면 변화와 노력은 발전의 핵심이기 때문이다. 그렇지만 일어난 일을 받아들일 줄 알고 거기에서 배울 것은 배우고, 버릴 것은 버리되, 일어난 일에 마음이 상할 필요는 없다.

또 일어나지도 않은 일을 가지고 자신에게 불리하게 판단을 내리는 패배적인 생각은 하지 말아야 한다.

현재 진행되고 있고 바꿀 수 없는 현실에 공연히 마음 상하거나 '좋다' '나쁘다'는 판단을 미리 내리지 말고, 현재 존재하고 있는 사실을 그대로 직시하라.

다시 말해 예측할 수 있고 힘이 미치는 일에 대해서는 계획을 세우고 일을 해야 한다. 그렇지만 일이 계획대로 되지 않는다고 해서 원망하거나 좌절하지 말아야 한다.

현실에 대해서 늘 불평하는 사람들은 무의미한 분노와 욕구불만으로 인생을 쓸데없이 보낸다. 이런 패배적인 판단의 예를 들어보겠다.

● ●
이런 일이 일어나다니 도저히 참을 수 없어

오늘에야 거래처에서 밀린 돈을 받기로 했는데 그 회사가 부도나는 바람에 돈을 못 받게 되었다거나, 일은 내가 다 해놓고 다른 사람이 칭찬받을 때, 이제 사업이란 게 뭔지 좀 알 것 같은데 자금 사정이 어려워 문을 닫아야 할 때 등 현재 일어나고 있는 일이 일어나서는 안 된다고 생각하지만 현실적으로 일이 터지고 보니 울화가 치밀고 실망스럽기 그지없는 상황에서 나오는 말이다.

그렇다고 이 같은 현실에 대해서 분노와 울분을 느끼고만 있는 것은 현명치 못하다. 이럴 때는 다음과 같이 다짐해 보는 것이 어떨까?

"나로서는 바라지도 않던 일이 일어나고 말았지만 최선을 다해 막아보자. 그리고 다시는 이런 일이 일어나지 않도록 하기 위해 노력하자."

● ●
세상은 냉혹한 곳이야

세상일이 자기 뜻대로 되지 않는다고 생각하는 사람들은 세상을 두고 냉혹하다는 표현을 자주 쓴다. 이들은 세상이 그렇게 냉혹한 것만은 아닌데 이를 쉽게도 무시한다.

당신은 세상에 대해 무엇이든지 바랄 수 있고, 또 그 결과에 대해 마음이 상할 수도 있으나 그렇다고 세상일이 당신 마음대로 바뀌는 것은 아니다. 이러한 경우에는 좀 더 현실적인 방법을 생각해 보는 것이 좋다.

"세상에는 내가 바꾸기를 원하는 일이 있다. 이러한 일에 나는 노력을 기울여야 하겠다. 한편, 내가 바꿀 수 없고 굳이 바꾸고 싶지 않은 것도 있다. 그런 것에는 내 생각대로 되길 기대하질 말자. 이런 일에는 어쩔 수 없지만 체념을 해야 한다. 어쩔 수 없는 일로 마음 상할 필요는 없으니까."

사람들은 악하고, 남의 일에 관심을 가지지 않는다

'악하다' '관심을 가지지 않는다'는 말은 다른 사람의 행동을 비난할 때 사용하는 말이다. 사실 사람들은 당신이 원하지 않는 일들을 하게 마련이고, 경우에 따라서 당신이 생각할 때 비난받아 마땅한 일들을 하는 수도 있다. 이것이 바로 인간사의 현실이다.

그러므로 당신 자신이 그러한 비상식적인 행동을 하지 않도록 하고, 그런 사람들을 비난하는 일에 당신의 시간과 정력을 소모하지 말라.

모든 사람이 악하고 남에게 관심이 없다고 생각하면 당신 자신을 포함하여 모든 사람에 대한 희망을 포기하는 것이며, 결과적으로는 보람 있고 가치 있는 생활을 포기하는 것이다.

사람은 고정불변의 동물이 아니다. 어느 한순간의 모습이 전부는 아니며, 한순간 모든 것을 결정할 수는 없는 것이다.

● ●

얼마나 끔찍하고 무서운 일이냐?

무서운 일이란 세상에 있는 것이 당신 마음속에 느껴지는 것이고, 어떤 일에 대해 당신이 판단을 내리는 것에 지나지 않는다.

모든 일을 무조건 좋아할 필요도 없지만, 무섭다고 생각할 필요도 없다. 어떤 것에 대해 미리 무섭다고 규정짓게 되면 자기도 모르게 그것에 대해 두려움과 공포를 느끼게 되는 법이다.

대부분 낙관적인 쪽보다 패배적인 쪽으로 판단을 내려 스스로 피해를 입는 경우가 많다. 사실 현실에 대한 판단은 다만 해석에 불과하고 현실 자체가 아님에도 불구하고 사람들은 섣부른 판단을 내리는 경향이 있다.

그것도 부정적이거나 패배적인 판단을 내림으로써 불행을 자초하는 경우가 종종 있다.

자신의 현실에 대해서 어둡게 판단하면 지금 처해 있는 현실뿐만 아니라 미래 또한 암담해지지만, 현실에 대한 밝은 판단은 삶에 생기와 용기를 불어넣어 줌으로써 미래 또한 밝게 한다.

지금 처해 있는 현실은 암담하지만 나의 미래는 밝다, 나는 성공할 것이다, 등 자신에 대한 확신을 가지고 성공을 꿈꾸는 자는 자신의 미래에 대해 비관적인 사람보다 성공률이 몇 백 배 높다.

당신 자신을 부정적으로 고정시키거나 패배적인 판단을 하여 자신을 불행 속으로 몰아넣지 말라.

현실에 결코 희생당하지 말라

지금 처한 현실에서 자신의 삶을 즐겨라.
마음을 안정시키고 여유를 가지고 주위를 살펴라.
불가피한 일로 마음을 상하거나 화를 낸다는 것은
어리석은 일임을 깨달아라.

세상이 어떻게 돌아가고 있는지, 세상 사람들이 어떻게 살고 있는지 잘 살펴보아라. 그리고 현실을 구성하고 있는 요소가 무엇인지 주의 깊게 보아라.

잘 관찰해 보면 이 세상의 돌아가는 형편을 알 수 있다. 이 지구라는 땅덩어리는 매우 규칙적으로 운행하고 있다. 진실하게 생활하는 사람은 무의미한 싸움을 하지 않고 순리대로 살아가며, 살아 있다는 자체에 감사하며 열심히 애쓴다.

당신이 삶을 즐기려고 한다면 충분히 즐길 수 있다. 당신이 지금 사막을 걸어가고 있다고 가정할 때, 사막은 뜨거운 모래밭이라 불평할 수 있다. 그러나 아무리 불평해도 사막의 열기가 가시지 않는다면 불평을 잠시 멈추고 새로운 눈으로 사막을 바라보라. 그러면 사막에도 즐길 수 있는 묘미가 있음을 알 수 있다.

　이와 마찬가지로 일상생활에서 흔히 경험하는 동창회, 회의, 음악회 등 현실적인 어떤 순간에도 만족을 느낄 수 있다. 어쨌든 현실의 순간순간을 대하는 당신의 마음 자세에 따라 그 상황에 만족을 느낄 수 있다.

　당신에게 닥친 현실은 당신 자신이 선택한 결과이다. 그러므로 현실에 처한 당신의 마음 자세에 따라서 삶을 유익하고 보람 있게 보낼 수 있다.

　당신이 현실에 불만을 느껴 화를 내거나, 해결할 수 없는 것에 집착하여 마음이 상하면 그 일로 상황이 더욱 나빠진다. 당신이 화를 내지 않고도 지혜롭게 대처할 수 있을 것이다.

　패배적인 판단이 아닌 현명한 판단력을 가진 사람은 현실에 대해 이렇게 두 형태로 반응을 나타낼 수 있다는 것을 알고 있다. 그 어느 형태도 현신에 아무런 영향을 미칠 수 없는 한, 손해가 되는 쪽을 택하는 것은 어리석은 일이 아니겠는가.

　지금 처한 현실에서 자신의 삶을 즐겨라. 마음을 안정시키고 여유를 가지고 주위를 살펴라. 불가피한 일로 마음을 상하거나 화를 낸다는 것은 어리석은 일임을 깨달아라.

　자신을 속이지 말고, 매일 매일은 다만 존재할 뿐이니 그날을 최선을 다해 열심히 살아라.

우선 자기 자신과 친해라

남들이 뭐라 해도 자신이 옳다는 확신과 자부심,
이 같은 의지를 가진 사람만이 세상을 바꿀 수 있다.
사회에서 인정받기 위해 억지로 자신을 끼워 맞추는 삶보다
사회를 변화시키겠다는 자부심과 용기를 가지고 이 세상에 도전하라.

알코올 중독에 걸린 한 부인이 남편을 위해서 술을 끊으려고 했으나 소용없었다. 어느 날 그 부인은 술에 취해서 나를 찾아왔다.

"저는 이제 남편이 원하는 것이 무엇인지 신경 쓰지 않기로 했어요. 남편을 위하다가 저 자신을 좋아하지 않게 되었어요. 제 자신을 위해서 술을 끊기로 했어요. 다른 사람의 생각은 상관없습니다."

그녀는 그때부터 술을 입에 대지 않게 되었다.

다른 사람의 비위를 맞추거나, 다른 사람이 생각하는 인간이 되고자 노력하는 것은 옳지 못하다. 그렇게 되면 매사에 남에게 의존하게 된다.

로버트 루이스 스티븐슨(영국의 소설가, 시인)은 인간의 중대한 과제는 자기 자신과 친교를 유지하는 것이라 했다. 끊임없이 두터운 우

의와 애정을 가지고 친교를 나누어야 할 상대는 다른 사람이 아니라 바로 나 자신임을 잊지 말라.

다른 사람이 비난한다고 해서 자신이 가지고 있는 고유의 자부심이 쉽사리 파괴되지는 않는다.

자부심은 당신에게 소크라테스나 아브라함의 경우처럼 어떠한 어려움 앞에서도 꿋꿋하고도 흔들리지 않게 서 있도록 하는 힘의 원천이다. 남이 무슨 비난을 해도 자신과는 상관없다는 강한 의지도 자부심에서 나오는 것이다.

자기 자신에게 정직하지 않고 자신을 존중하지 않고서는 자부심이 생길 수 없으며, 본인과의 친교 또한 유지할 수 없다.

아무리 돈이 많은 사람이라도 이 자부심이 없이는 어떠한 성공도, 행복도 이룰 수 없다.

삶이란 자기 방향에 따라 나아가게 되는 것이지, 다른 사람들의 생각이나 의견은 오히려 당신의 확신을 나약하게 만들 뿐이다.

자부심이 강한 인간이 되기 위해서는 확고부동한 비전과 성실성으로 자신을 지배하는 인간이 되어야 한다. 깊이 생각하여 얻은 확신에 뿌리를 두고 행동하지 않고서 어떻게 자기 자신을 지배할 수 있겠는가.

남이 나를 인정하기 전에 자기가 먼저 자신을 소중하고 귀하게 여겨야 한다.

이런 자부심은 자신의 능력을 발휘하는 데 용기를 샘솟게 하며, 비록 실패했을지라도 다시 도전할 수 있는 힘을 저장시켜 준다.

당신이 자부할 만큼 자신의 능력에 만족해하며 이를 충분히 활용하고 있는지 자문해 보라. 또한 당신은 지금 명예롭고도 가치 있는 무엇을 위해 싸우고 있는가 생각해 보라.

당신 자신에 대해 아는 것이 없다면 남에게 존경받을 만한 그 어떤 것도 가지고 있지 못한 것이다. 자신에 대해 아는 것이 없으면서도 남에게 존경받기를 희망한다면 이는 환상에 지나지 않는다.

자부심이 강한 사람은 자신의 내적인 확신에서 이탈할 때, 또한 인격에서 이탈할 때, 생활 원칙에서 이탈할 때 죄의식을 느낀다. 자부심이 없는 사람은 사회의 인정을 받기 위해 노력하고, 자부심이 강한 사람은 자신의 목표와 성공, 행복을 잃지 않고 홀로 서 있다.

남들이 뭐라 해도 자신이 옳다는 확신과 자부심, 이 같은 의지를 가진 사람만이 세상을 바꿀 수 있다. 사회에서 인정받기 위해 억지로 자신을 끼워 맞추는 삶보다 사회를 변화시키겠다는 자부심과 용기를 가지고 이 세상에 도전하라.

자부심을 조정하라

너무 부자로서 성공하면 남의 질투와 시기를 받지만,
죽어라 노력해도 성공의 문턱조차 가보지 못한 당신에게는
비웃음과 경멸이 기다리고 있을 것이다.
바로 자부심만이 자신의 정도를 지키게 해주는 중재자이다.
항상 자부심을 해치지 않는 범위 내에서 자신을 잘 조정하라.

생각처럼 정서도 그 실체에 있어서는 거짓과 진실이 결정된다. 어떤 정신분석학자는 자기 사위와 함께 살 수 없다는 어느 부인의 넋두리를 들으면서, 이 부인이 사위를 혼자 소유하겠다는 욕심에서 이 같은 말을 하게 된 것임을 간파했다. 이 부인은 사위를 혼자서 독점하고자 하는 욕망을 의식적으로 사위를 미워하는 것으로 증명하고 있는 것이다.

당신의 마음을 흔드는 갈등, 미움, 결핍 같은 것을 당신 자신으로부터 숨기려고 하는 것은 어리석은 일이다. 일단 이런 것들을 인정하고 이해하며, 무엇이 이런 좋지 못한 감정을 만들었는지 그 이유를 아는 것이 현명한 일이다.

만일 이런 요소들로 인해 다른 사람들과의 관계에서 불행한 일을

초래한다면 당신은 자신에게 무엇이 중요하며, 다른 사람에게는 무엇이 문제였는지 알아야 한다.

자부심을 희생시키지 않고도 지혜로운 판단을 할 수 있다.

필수적인 조정에 따라, 또한 시대에 따라 다른 것이다. 우리는 최선을 다한 다음 조정을 받아들이자. 이 세상에 완벽한 사람이란 존재하지 않는다.

우리는 괴로울 때 괴로운 감정을 누르려고 하는 과오를 종종 저지른다. 감정을 누름으로써 폭발 직전까지 억압하여 분노와 미움의 요소를 가중시킨다. 이때 현명한 처리는 되도록 부드럽게 괴로운 지금의 감정을 누군가에게 말해 버리는 것이다.

한바탕의 폭발로 인해 거짓된 자만심이라는 괴물과 불합리한 분노가 전쟁을 치른 후, 조용히 홀로 앉아서 당신 자신에 대한 무지의 장막에 빛을 비추어야 한다.

일어났던 사건을 생각하고, 사건의 결과가 무엇인지, 왜 일어났으며, 실제 원하는 것이 무엇인지 생각해 보라.

사건의 배경을 생각하는 것은 정직하게 사건을 대하고, 날카롭게 사건을 보고 바르게 이해하는 것과 직접적인 관계가 있다.

정서적으로 안정적이지 못한 사람은 문제에 대한 올바른 답을 내릴 수 없다. 또한 부정직한 답은 문제의 해결을 어렵게 하고, 그릇된 답은 도움이 되지 않는다. 부분적인 해답도 사건을 잘못 인도한다.

그렇다고 그 문제가 우리가 일상적으로 만나는 문제와 특별히 다르지도 않는데 우리는 종종 스스로의 힘으로 해답을 내리지 못한다. 오히려 그 문제의 책임을 다른 사람들에게 전가시키고 이들을 비난하기 쉽다.

나 또한 젊었을 때에는 나 혼자서 문제의 올바른 해결책을 찾지 못했다. 자신을 변명하려는 어리석은 짓을 스스로 저질러 놓고는 이를 솔직하게 시인하기까지에는 많은 시간이 필요했다.

어떤 때는 당연히 분노해야 하고, 저항하지 않는 것이 수치일 때가 있다. 그러나 당신이 분노를 나타내서는 안 되는 상황이 더 많으며, 저항하는 것이 자신의 나약성을 입증하는 증거로 작용할 때도 있다.

자신의 자부심을 해치지 않는 범위 내에서 적당한 조정이 필요하다. 항상 적당하게 한다는 것은 어렵다. 너무 넘치지도 않고, 그렇다고 모자라지도 않게 자신의 삶을 유지하도록 노력하라.

성공 또한 마찬가지이다. 너무 부자로서 성공하면 남의 질투와 시기를 받지만, 죽어라 노력해도 성공의 문턱조차 가보지 못한 당신에게는 비웃음과 경멸이 기다리고 있을 것이다. 바로 자부심만이 자신의 정도를 지키게 해주는 중재자이다. 항상 자부심을 해치지 않는 범위 내에서 자신을 잘 조정하라.

자부심과 일

정서적으로 성숙한 사람은 유머 감각이 있고,
상황을 분명히 볼 줄 아는 통찰력이 있으며,
자신에게 중대한 것이 무엇인지
선택하는 판단력이 있다.

어린 시절 나의 형은 깨끗한 접시에 식사를 하겠다는 의도에서 아주 깨끗이 접시를 닦았다. 다 닦은 접시가 식탁에 올려졌을 때 가족들은 반짝반짝 빛나는 접시에 감탄하지 않을 수 없었다.

"나는 그 일을 하고 싶지 않지만 의무감 때문에 한다."

이 태도는 어떤 행동에 대한 의미를 파괴시킨다.

"나는 그 일을 해야 하므로 그 일을 하고 싶다."

확실히 이 태도는 앞의 태도와 상당한 차이가 있다. 달갑지 않은 의무감으로 파티에 참석한다면 그 만찬을 즐길 수 없다.

당신이 어떤 일을 받아들일 것인가, 또는 거절할 것인가를 결정할 수 없다고 말하는 것은 당신 자신이 그 일을 원치 않는다는 것을 나타내는 것이다.

누구든지 일을 마음속에 생각하지 않고 일을 잘할 수는 없다. 그 일에 흥미가 없고, 일 자체가 평범한 일이라 하여 그 일이 하고 싶지 않다는 것을 의미하는 것은 아니기 때문이다.

자기 자신을 부인하는 사람은 다른 사람도 역시 부인할 것이다. 자기 자신에 적의를 품고 있는 사람은 그의 이웃에 대해서도 적의를 품고 있으며 미움과 고독, 자기 연민과 파괴로 점철된 사람이다.

순전히 자기 자신 외에는 어느 누구도 자신의 인격을 형성해 주거나, 친구를 사귀게 하거나, 참된 가치를 발견해 주지 못한다.

인생에 성공한 행복한 사람들을 보면 그들의 사상이 매우 간절함을 발견할 수 있다. 인생의 성공과 행복은 오로지 진실만을 추구한다고 하여, 혹은 남이 바라는 대로 따라서 순응한다고 얻어지는 것이 아니다.

때로 성공된 삶을 살고 있는 사람이라 해도 실망할 때가 있다. 그렇다고 실망으로 인해 상처를 입지는 않는다, 오히려 그 실망을 통해서 삶의 좌절과 마찰을 어떻게 처리해야 하는가를 배운다.

아무리 부와 명성을 누리고 있는 사람이라고 해도, 위대한 업적을 남긴 위인이라고 해도 자신이 완전하지 못한 존재라는 것을 시인한다.

중대한 과오를 이따금 저지르는 자신을 안다. 그럼에도 불구하고 이들의 공통점은 자부심을 아끼며, 자기 자신이 만물의 영장임을 기억하고 있다는 점이다. 정서적으로 성숙한 사람은 유머 감각이 있고, 상황을 분명히 볼 줄 아는 통찰력이 있으며, 자신에게 중대한 것이 무엇인지 선택하는 판단력이 있다.

고난과 정면 대결하라

오로지 단단한 자부심과 정서적 성숙으로 당신을 무장하여
성공을 향해, 목표를 향해 매진하라.
자부심과 정서적 성숙으로 똘똘 뭉친 당신만이 주위의 질시,
질타, 비난 등을 이겨내며 성공의 자리를 견고하게 지켜낼 수 있을 것이다.

당신이 겪은 고통에 대해서 주의 깊게 생각해 낸 해답이 무엇일까? 고통과 슬픔을 이해하고 그 의미를 발견할 필요가 있다.

정서적으로 성숙한 사람은 사랑하는 사람이 비록 죽었을지라도 모든 것을 잃지 않는다. 그의 슬픔은 그가 현재 상황에서 어떻게 해야 하는가를 알게 될 때 극복된다.

정서적으로 미숙한 사람은 불가능을 두려워한다.

자부심이 강한 사람은 슬픔에서 신속히 회복된다. 자부심이 강한 사람은 죽음도 받아들이지만, 논리적인 원인이 있다는 것을 인정한다. 그리고 자기완성을 새롭게 하기 위한 노력을 기울인다.

정서적으로 미숙한 사람에게는 고통이 훨씬 오랫동안 지속되며, 잠재적인 죄의식으로 슬픔을 더욱 심화시킨다.

새로운 자기완성을 하기 위하여 지적인 노력을 기울이지 않고 어떤 다른 유리한 방법을 택하는 것은 충동적인 것에 사로잡히는 것이며, 중대한 일을 하지 않겠다는 완고한 거절이다.

우리는 흔히 인간의 본성을 변화시키는 방법을 발견하기 전에 더 좋은 세계를 만들 수 없다는 말을 자주 듣는다. 나는 그 말을 믿지 않는다.

과학자들은 텔레비전을 만들고, 제트 비행기를 발명하고, 새로운 의학을 발전시켰는데, 이들이 인간의 본성을 변화시키면서 그 같은 발명을 하였는가? 결단코 그렇지 않다.

과학자들은 어떤 의미로도 자연을 정복하지는 못했다. 그들은 다만 자연의 법칙을 발견하고 그 법칙과 협동한 것이다. 이와 마찬가지로 우리는 인간의 본성을 변화시킬 필요가 없다. 다만 본성을 이해하고 그 본성을 성공적으로 취급하면 된다. 또한 믿을 수 있는 법칙에 따라서 행동하면 된다.

우리는 동물을 훈련시키는 과정에서 많은 것을 배운다. 동물들이 자기들을 보호해야 한다고 스스로 느끼는 상황으로 몰아넣어서는 안 된다.

또한 자부심이 강한 아이들이 상처받지 않도록 교육받아야 한다. 즉 어린아이들이 자신의 충동에 의해서 일을 저지르지 않도록 해야 한다. 여기에는 고도의 훈련과 교육을 필요로 한다.

현재 우리는 일등 제일주의에 살고 있다. 첫째는 인정하지만 둘째부터는 하찮게 여기는 경향이 있다. 그러나 첫째의 자부심은 언제 어떻게 하락될지 모른다.

주위의 기대심리를 다음에 충족시켜 주지 못하면 첫째 또한 언제 꼴찌 취급을 받을지 모르기 때문이다. 그래서 성공을 너무도 쉽게 한 번에 이룬 사람은 그 아성 또한 무참히 무너지기 쉽다.

오로지 단단한 자부심과 정서적 성숙으로 당신을 무장하여 성공을 향해, 목표를 향해 매진하라. 자부심과 정서적 성숙으로 똘똘 뭉친 당신만이 주위의 질시, 질타, 비난 등을 이겨내며 성공의 자리를 견고하게 지켜낼 수 있을 것이다.

PART
04

주목받는 사람이 성공한다

갈등의 원인과 문제를 파악하라

행복을 얻기 위해서는
먼저 자기 자신의 태도를 변화시킨 다음에
행동을 바꾸어야 한다.
이러한 변화는 과거를 인정하고 이해한 후에야 가능하다.

세상에 똑같은 사람은 없다. 정서적으로, 지적으로, 육체적으로 모두 다르다. 이렇듯 제각각 인격을 가지고 있는데, 이 인격이 우리의 독특한 성격과 행동을 결정한다.

각기 다른 인간의 내면에는 이중적인 문제가 도사리고 있다. 즉 사기 완성과 행복을 얻기 위하여 행동하면서, 한편으로는 다른 사람의 행복이 침해되지 않도록 행동해야 한다는 것이다.

다시 말해서 조화를 이루기 위해 노력하면서 다른 한편으로는 자신의 더 많은 행복을 쟁취하기 위해 투쟁해야 하는 것이다. 이 두 가지는 어떤 때는 잘 조화하지만 적대감을 일으키기도 한다.

이 두 가지는 양립할 수 없기 때문에 행복은 쉽게 찾아오지 않는다. 이 둘의 모순 뒤에는 공포, 분노, 질투, 미움이 도사리고 있다.

이렇게 모순을 느끼는 것은 자기 자신의 인격에 대한 배신이기 때문에 항상 후회가 뒤따른다.

그렇다고 이웃과 원만한 관계를 유지하지 못한 데 대해서 죄의식을 느낄 것까지는 없다. 인간은 서로 의견과 생각이 다르므로 상충할 때가 있고, 함께 보조를 맞추어 일하기도 하며, 이따금씩 맹렬하게 다툴 때도 있는 것이다.

그러나 동물 중에서 인간만이 다른 사람과 조화를 이루는 힘이 있으며, 다른 사람에 의해서 영향을 받는다는 사실을 먼저 기억하라.

자기 자신의 내면을 깊이 들여다보아라. 잠재적으로 자신을 가장 많이 생각하고 있는 사람은 바로 자기 자신이다. 자기 자신을 응시하지 않고 어떻게 지혜를 얻을 수 있겠는가?

절망하고 실의에 빠졌을 때 현실을 인정하지 않고 어떤 구실을 찾기에 급급해한다면 아무도 당신을 동정하지 않을 것이며, 당신은 잘못의 원인을 외부에서만 찾으려 들 것이기 때문에 점점 절망에서 헤어 나오지 못할 것이다.

공포, 미움, 죄의식에 가득 찬 사람은 자기 자신을 올바로 평가할 수가 없다. 이런 사람은 진정한 친구를 사귀기도 어렵다. 진정 어린 친구의 충고를 귀담아 들으려 하지 않기 때문이다. 이렇듯 현명하지 못한 사람은 중대한 갈등의 문제를 영영 해결하지 못한다.

우리는 죽음에 이를 때까지 순간순간 자신과 직면하게 된다. 결코 인정하고 싶지 않은 또 다른 '나'가 있어도 피할 수가 없다. 또 다른 '나'는 그림자처럼 항상 자기 자신을 따라다닌다.

사람들의 행동을 가만히 살펴보자. 그 사람이 무엇을 필요로 하는지, 무엇을 인정받고자 하는지 알 수 있다. 물론 이 행동은 다른 사람이 이해하고 있는 것과는 다를 수 있다.

그러나 모든 사람의 행동의 주축은 자기 보존을 위한 것이다. 다시 말해서 모든 행동의 근본 목적은 육체적, 정신적으로 자기 보존과 관계가 있다. 인간 본성의 제1법칙은 자기 보존이다.

모든 행동은 행동 이전의 경험과 연결되어 있다.

삶에 대한 태도는 삶에 대처하는 자신의 행동을 지배한다.

행복을 얻기 위해서는 먼저 자기 자신의 태도를 변화시킨 다음에 행동을 바꾸어야 한다. 이러한 변화는 과거를 인정하고 이해한 후에야 가능하다.

프로이트는 과거가 명백히 설명되고 무엇을 필요로 하는가를 알면 정신적으로 혼란한 사람도 자기 자신을 스스로 고칠 수 있다고 했다. 그러나 놀랍게도 이 말은 사실이 아님이 증명되었다. 그 이유는 프로이트가 지식과 지혜의 차이를 몰랐기 때문이다.

지식과 지혜의 차이

행복을 쉽게 얻으리라고
생각하지 마라.
행복을 얻으려면 끊임없이
열정적으로 움직여야 한다.

지식은 기억하고 관찰하여 어떤 사실을 소유하는 것이다.
지혜는 삶 그리고 행동과 관계가 깊다.
지혜는 통찰력을 필요로 한다.
지혜는 소위 직관력이라는 신비한 과정이 들어 있다.
지혜는 상상력이 들어 있어서 다른 사람의 경험과
감정을 이해하여 그것을 체계화시킨다.

신이 준 탁월한 선물은 지혜를 가질 수 있는 능력이다. 지혜는 어떤 사상을 적용하는 과정이 담겨 있을 뿐만 아니라 진실한 감정을 감지하는 고도의 기능을 수행한다.
지혜는 상황을 철저하게 분석하여 최선의 선택을 하게 만든다.

지혜는 이성과 다르다. 이성으로는 자신이 무엇을 느끼고 있는지 알지 못한다. 이성이 감정을 소화해야만 지혜가 될 수 있다.

그러면 왜 감정을 소화해야 하는가? 이성과 감정이 조화되어야만 올바른 지혜를 얻을 수 있기 때문이다.

우리는 정서적, 육체적, 지적인 습관을 가지고 있다. 이 습관 중에서 육체적인 습관이 가장 고치기 쉽고, 정서적인 습관이 가장 고치기 어렵다.

잘못을 인정하는 것이 습관을 고치는 첫 단계이지만, 마음을 독하게 먹고 그 나쁜 습관을 몰아내지 않으면 소용이 없다. 오히려 내적으로 더 혼란스러울 뿐이다.

인간이 변화되기 위해서는 인격이 강한 충격을 입어야 한다.

인간관계는 어릴 때부터 형성된 정신적인 반응을 정확하게 나타낸다. 그렇기 때문에 이론적으로, 철학적으로 아는 것은 삶에 있어 그렇게 영향을 주지 못한다. 행동을 바꾸는 유일한 방법은 부족한 면이나 잘못을 스스로 뼈저리게 느끼는 것이다. 이론적으로 의미를 아는 것보다 의미를 절실히 느끼는 것이 중요하다.

정신적으로 성숙한 사람은 자부심을 갖기 위해서는 무엇과 싸워야 하고, 무엇을 피해야 하며, 왜 피해야 하는지 알고 있다.

이런 사람은 타인이 원하는 대로 따르는 것이 아니라 자기 신념대로 움직이며, 쉽게 감정에 지배되지 않는다.

어떤 일에 직면했을 때 사람들마나 나타나는 반응이 다른 이유는 각자의 확신이나 두려움의 차이 때문이다.

인간의 참된 목표는 가능한 한 자신의 목적을 달성하고, 자기를 완성하여 행복에 가까워지는 것이다.

분개를 잘하고 저항을 잘하는 사람은 확신보다는 두려움이 크기 때문에 그릇된 행동으로 일을 곧잘 그르친다.

곤란한 문제는 상황이 아니라 그 상황을 만든 과오에 있다. 그러므로 행복을 얻는 효과적인 방법은 지혜를 배우는 것이다.

행복을 쉽게 얻으리라고 생각하지 마라.

행복을 얻으려면 끊임없이 열정적으로 움직여야 한다.

하지만 쉽게 포기하려는 좌절감을 스스로 극복하지 못하면 우리는 발전하지 못한다. 이것은 삶이 우리에게 준 조건이며, 우리는 이 조건을 받아들여야 한다.

행복과 감정을 잘 다스려라

불의에서 일어서는 자는
정신적으로 성숙한 자이며,
맹목적인 사람은
자기를 다스리지 못하는 패배자이다.

큰 회사의 중역 한 분이 그의 동료인 중역이 큰일을 자기에게 맡기고 휴가를 떠난 것을 알았다. 그 중역은 그 사실을 안 순간 무거운 책임감에 가슴이 짓눌리는 것만 같았다. 만일 그가 맡은 일을 10일 이내에 해내지 못하면 그 계획은 무산될 상황이었다.

여기에서 상황에 대한 정신적인 반응이 어떻게 나타나는지를 볼 수 있다. 그 중역은 책임을 지운 동료에게 분노를 느꼈으나, 그 계획이 중단되기를 원치 않았다. 그는 자신의 일이 위협적으로 간섭받는 데 대해서 분노했다. 또한 동료의 책임을 떠맡게 된 자기 위치에 분노를 느꼈고, 계획이 중단되었을 때 받을 비난을 떠올리며 분개했다.

단 하나의 상황에서 발생된 것일지라도 동시에 여러 감정을 가질

이때 지혜로운 사람이라면 이 모든 감정을 인정하고 이런 상황에서 어떤 감정에 솔직하게 따라가기를 원하는가를 선택하고, 다른 감정은 하나의 경험으로 생각하는 것이 올바른 방법이다.

감정 섞인 대로 하다 보면 여러 상황과 싸울 수밖에 없어 피곤해진다. 그러므로 정직하게 하고 싶은 것만 하는 것이 좋다.

한 인간의 행복의 척도는 일상적으로 얼마나 성실성을 유지하고 있느냐, 또 자신의 잠재력을 얼마만큼 발휘하느냐에 따라 판가름 난다.

행복은 현명한 자아 발전에 완전히 좌우된다.

만약 파괴적인 감정을 소유하고 있다면 이 감정을 잘 처리해야만 행복해질 수 있다.

우리는 자신의 상황에 따라 건설적인 감정과 파괴적인 감정 등 다양한 감정을 드러내고 그 감정에 충실해야 한다.

에이브러햄 링컨은 뉴올리언스 주에서 노예가 공매되는 것을 목격하고 분노와 동시에 노예 문제에 대해서 중대한 일을 해야겠다는 책임감을 느꼈던 것이다. 그는 사람을 마치 가축을 팔듯이 돈으로 바꾸는 행위를 묵과하고서는 결단코 행복해질 수 없다고 느꼈던 것이다.

이러한 분노는 기회가 왔을 때 건설적으로 발전했던 것이다.

우리는 감정적인 반응이 현재 환경에서 비롯된 것인가를 살펴야 하며, 만일 그렇지 않을 때는 지나간 경험을 주의 깊게 되돌아보아야 한다.

성공과 부유함, 지혜와 행복을 향한 첫 단계는 충동적으로 저지른 행동과 오랜 기간 숙성시켜 온 감정을 발산한 것 사이의 차이를 아는 데 있다. 즉 감정과의 미묘한 갈등을 잘 다스려야 하는 것이다. 바로 이것이 지혜의 치유력이다.

예민한 감각을 잃지 않고, 쓰디쓴 냉소주의도 발전시키지 않고 삶을 정면으로 솔직하게 대하는 기술이 바로 지혜이다.

살다 보면 때로는 엄청나게 부당한 일들을 겪는다. 이럴 때 불의를 못 참고 박차고 일어서는 사람이 있는가 하면, 분개하여 열정에 맹목적으로 사로잡히는 사람이 있을 것이다. 불의에서 일어서는 자는 정신적으로 성숙한 자이며, 맹목적인 사람은 자기를 다스리지 못하는 패배자이다.

우리의 삶은 감정에 따라 흘러가고 있다.

상황을 올바로 인식하라

다른 사람과 관계된 문제에서는
먼저 그들을 이해하도록 하라.
그들도 역시
문제를 가지고 있다.

스무 살 된 아가씨가 있다. 이 아가씨는 자신이 아름답지 못하고 센스가 부족해서 인기가 없다고 생각하여 자신을 미워하고, 심지어는 다른 사람도 자기를 미워한다고 생각했다. 자기를 낮추는 이런 생각은 스스로를 불행하게 만드는 것이다.

자신에게 닥친 문제를 바로 보고, 올바르게 판단하는 것이 행복으로 가는 지름길이다. 이러한 과정은 경험의 산물인 지혜를 통해서 이루어질 수 있다.

스스로 자제할 수 있는 감정과 사고를 충분히 이해하는 것이 중요하다. 이것은 본래의 자기 자신을 잊으려 하거나, 맹목적인 의지에 매달리려 하는 것과는 다르다.

어떤 종류의 자제이든지 — 정치적, 경제적, 또는 자기 자신에 대한 것이든지 — 모든 자제의 기초는 지혜를 아는 것이다.

다른 사람과 관계된 문제에서는 먼저 그들을 이해하도록 하라. 그들도 역시 문제를 지니고 있다.

문제를 정확하게 인식하면 분노나 당황스런 마음이 줄어들면서 주위를 돌아볼 수 있는 여유가 생긴다. 다른 사람의 문제를 이해하는 것은 훌륭한 지혜이다.

당신은 지금 불행한가? 당신이 지금 어디에 있든지 당신 자신에 관한 지혜를 터득하라.

당신의 꿈을 통해서 당신은 무엇을 느끼고 있는지 잠재의식을 관찰하라.

꿈은 때때로 고통스러우나 감정을 잘 반영한다. 당신이 비록 흉몽을 꾸었다고 할지라도 그 꿈에서 비전을 찾아라.

평범한 사람들은 꿈을 정확하게 분석하지 못한다. 그러나 길몽인지 흉몽인지, 또는 자신의 심리가 불안한지 행복한지는 알 수 있다. 꿈속에서 자기 자신을 인식할 수 있어야 한다.

감정은 그때그때 순화시켜라

당신의 삶을 다시 고무시키고 용기를 얻는 길은
당신의 감정을 솔직하게 인정하고,
느끼고 소화하여 전체적인 상황을 파악하고 행동하는 것이다.
진정한 자아 완성은 지혜롭게 행동함으로써 가능하다.

자부심이 강한 사람, 자신의 일에서 능력을 인정받은 사람, 부유한 사람은 자기감정을 자주 순화시킨다. 감정을 순화시키는 데는 유머가 특히 좋다.

독서, 음악 감상, 다정한 친구와의 대화, 휴가 등도 좋은 방법이며, 적당한 수면도 좋다. 끊임없이 피곤한 사람은 마음이 굳어지고 감정이 부정적으로 변해, 타인에게 퉁명하고 불성실하게 군다.

정서적으로 성숙한 사람은 삶이 모험임을 알며, 항상 모든 일에서 승리할 수만은 없음을 안다. 그는 확실한 것을 기대하고 거기에 온 힘을 쏟는다.

그는 어떤 감정도 부끄럽게 생각하지 않는다. 왜냐하면 진실한 감정이란 인위적으로 조작될 수 없다는 것을 잘 알기 때문이다.

감정은 주위에서 일어나는 사건에 반응하는 것이다. 성숙한 사람은 그가 느끼는 모든 것을 알려고 노력하며, 충동적으로 행동하지 않는다. 그는 먼저 어떤 결단을 내리기 전에 그의 마음이 무엇을 원하는지 구별한다. 이러한 행동이 현명한 것이다.

행복한 사람이 되기 위해서는 가정, 직장, 친구에 대해서 건전한 자세를 가져야 하며, 또한 육체적으로도 건강해야 한다.

자신의 감정을 억제하려는 사람은 심리적인 고통뿐 아니라 위장병이나 만성질환에 시달릴 확률이 크다. 건강을 잃으면 추진력이 떨어지고, 그 결과 매사에 자신감이 없어지며, 성공의 길은 더욱 멀리 달아난다.

근심은 자신의 두려움과 우유부단을 눈가림한 것에 지나지 않는다.

상황을 바로 알고 그 상황에 적절히 대처하는 사람은 근심하느라 자신의 에너지를 소비하지 않는다.

문제에서 자유로운 사람, 문제가 없는 사람은 없다. 우리들은 모두 직업을 얻어 생활비를 벌어야 하고, 가정을 이루어야 하고, 화재나 범죄를 예방해야 하며, 매일 수많은 위험에 도전해야 한다. 가장 중요한 것은 이러한 문제에 대해 어떻게 대처하느냐 하는 것이다.

가장 공통적인 근심은 두려운 감정에서 오는 것으로, 상황에 대처할 수 없다는 생각에서 비롯된 근심이다. 이 두려운 감정은 어떤 일이 발전되기 전에 비극이나 위기를 되풀이해서 걱정하는 마음이다.

'만일 내가 천만 원만 가졌다면,' 또는 '만일 제때에 병원만 갔더라면,' 하는 후회 어린 근심은 아무런 소득이 없다. 쏟아진 물은 다시 담을 수 없으니까. 이미 지난 실수에서 배우는 것이 현명한 일일 것이며, 이것은 가치 있는 수업이 될 것이다.

여기에 근심과 관심의 차이가 있다. 근심이나 관심은 모두 귀찮은 문제와 관계있다는 점에서 같다.

근심은 생각을 체계화하지 않았기에 아무런 소득도 없이 정신을 안달하게 만드는 것이며, 관심은 체계를 세워서 지적인 행동을 취하도록 사전에 준비하는 것이다.

습관적으로 근심하는 사람들은 자기 확신이 손상되었기 때문에 자기 자신을 믿지 못하는 사람들이다. 근심은 두려움을 속이기 위한 방법이다. 근심은 종종 문제의 상황보다 감정에 더 많은 것을 지불한다.

근심에 둘러싸인 사람들은 무엇을 위해 노력해야 하고, 무엇을 무시해야 하는지 생각하지 않고 주위에 울타리를 치고 웅크린다.

근심은 한 개인의 삶의 어느 부분에선가 잘못 조정되고 있다는 증거이다. 이것은 어려서부터 미해결된 문제와 겹쳐 오랫동안 습관이 되어버린다.

근심은 항상 용기와 두려움을 친구로 삼고 있다.

지혜로운 사람은 자기 인생에서 아예 근심이 없도록 전전긍긍하지 않는다. 그렇지 못한 사람은 대개 실패하기 마련이다. 진실로 고통이 어디에 있는가를 아는 것이 지혜이다. 이것은 쉬운 일이 아니다. 왜냐하면 근심은 의식 속에 깊숙이 박혀 있기 때문이다.

자기 자신을 괴롭히는 근심의 뿌리를 발견하며 캐내는 일은 쉬운 일이 아니지만, 이 길만이 근심에서 벗어나는 길이다. 이 방법이 아무것도 하지 않고 안달하는 것보다 훨씬 낫다.

자기 인생에서 무엇을 원하는가? 아마도 대부분의 사람들은 이렇게 말할 것이다. 다른 사람에게 인정받고 싶고, 사랑을 경험하고 싶을 것이다. 좀 더 정확히 표현한다면 자기 자신이나 애인, 친구에게 멋지고 괜찮은 사람이 되기를 원할 것이다.

가장 어리석은 것은 자부심을 놓아버리는 것이다. 현명한 사람은 외적 상황이 아무리 비참할지라도 자부심을 잃지 않는다.

당신은 모든 사람을 모두 좋아할 수는 없다. 다른 사람들 역시 모두 당신을 좋아하지는 않을 것이다. 이 사실을 인정하고 타인과 관계를 맺는다면 삶이 훨씬 가벼울 것이다.

당신의 삶을 다시 고무시키고 용기를 얻는 길은 당신의 감정을 솔직하게 인정하고, 느끼고 소화하여 전체적인 상황을 파악하고 행동하는 것이다.

진정한 자아 완성은 지혜롭게 행동함으로써 가능하다.

잘사는 것이 최대의 복수

당신은 끊임없이 실패를 극복하면서
살아나가야 한다.
당신이 기대할 수 있는 것은 당신 자신뿐이다.
당신 자신의 의지와 노력만이 당신을 구원할 수 있다.

어떻게 하면 삶의 보람을 찾을 수 있고, 잘살 수 있을까?

당신이 자신을 존중하고 자기가 굉장히 능력 있는 사람이라고 믿는다면 당신은 나은 삶을 기대해도 좋다. 이런 사람은 불평이나 하고 주위 사람들에게 동정을 구하는 따위로 시간을 보내지 않는다.

당신의 일생을 통하여 창조적 활력을 지니도록 하라. 나날의 목표를 향하여 충실히 노력하라. 나이나 빈부의 차이는 아무런 문제가 되지 않는다.

당신은 지금 당장 이 순간부터 창조적인 생활을 하라.

당신은 당신 자신을 파악하고 자기상을 확립하라. 당신 나이에 걸맞은 충실한 생활인의 이미지를 만들어야 한다.

당신은 끊임없이 실패를 극복하면서 살아나가야 한다. 당신이 기대할 수 있는 것은 당신 자신뿐이다. 당신 자신의 의지와 노력만이 당신을 구원할 수 있다.

　당신이 실직 당했거나 사업이 망했다고 가정하자.

　당신은 절망하여 화를 잘 내게 되고, 모든 일에 의욕을 상실할 것이다. 당분간은 무슨 일을 하여도 손에 잡히지 않을 것이고, 자신의 편이 되어주지 않은 세상을 원망할 것이다.

　또 당신의 친한 친구마저 초라해진 당신을 외면한다면 분노와 울분이 치밀어 어디 두고 보자는 복수심이 타오를 것이다.

　하지만 아무리 복수심이 크더라도 어떻게 하겠는가? 다시 일어나서 성공하여 잘사는 길밖에 복수하는 방법이 또 어디 있겠는가?

　당신의 실패는 이미 과거의 일이라고 딱 잘라버려라. 우울의 늪에 빠져서 당신을 비난하고 한탄하고, 또 자신을 방해했던 자나 위험에 빠뜨렸던 자를 원망이나 하고 그때 왜 그렇게 대처하지 못했던가 후회나 하면서 세월을 낭비해서야 되겠는가.

　이러한 행동은 자기 자신을 미워하고 자기 이미지를 파괴하는 행동이다.

　당신 자신이 실패한 과거사를 깨끗이 용서하고, 똑같은 실패를 두 번 다시 저지르지 않겠다는 굳센 의지로 재기한다면 당신의 삶은 활기를 찾게 되고, 실패를 또다시 겪게 되더라도 예전만큼 절망스럽지 않을 것이다.

후에 성공할 자기 모습을 그리면서 목표를 정하라. 그런 다음, 하고 싶은 것을 생각하고 어떻게 하면 그것을 달성할 수 있을까 고민하라. 그러면서 한편으로 그 일을 성취하는 데 장애가 되는 것이 무엇인지 메모해 두어라. 되도록 구체적으로 적는다. 다음에는 작전을 세우고, 계획을 짠다. 내일 당장 어떤 일부터 행동에 옮길지 하나하나 구체적으로 계획을 세워 메모한다.

하루를 시작할 때는 구체적인 계획을 기록한 메모를 다시 읽어보고 마음을 가다듬어라.

자신감은 대단한 힘을 발휘한다

잘살기 위해서는
무엇보다 먼저 자신감을 가져야 한다.
자신감이란 자기의 능력이나 가치를 확신하는 것이며,
자기의 마음을 믿어 의심치 않는 것이다.

세계적으로 유명한 테너 가수 엔리코 카루소는 젊었을 때 자신감이 부족했다. 그는 자신의 목소리를 믿지 않았고, 천부적인 재능을 믿지 않았다.

그는 어느 날 오페라가 열리는 밤무대 앞에 나가기 전에 겁을 먹고 자신이 없어서 쩔쩔매고 있었다. 그때 그의 선생이 그에게 이렇게 말했다.

"나가라. 자신을 가지고 노래하라."

그 순간 카루소는 자신을 가지고 무대 앞에 섰다. 무대에 올라서서 힘찬 목소리로 노래를 부르자 청중들은 일제히 환호했다. 두려움과 열등의식을 떨쳐버리고 자신감으로 노래한 한 인간의 의지에 환호한 것이다.

열등감을 제거하는 최선의 무기는 자신감이다

온갖 역경을 무릅쓰고 성공한 사업가들에게 물어보라. 처음 사업을 할 때 어떤 마음가짐을 가지고 시작했는가? 반드시 성공하고야 말겠다는 자신감이 없었다면 일을 벌이지도 못했을 것이다.

잘살기 위해서는 무엇보다 먼저 자신감을 가져야 한다. 자신감이란 자기의 능력이나 가치를 확신하는 것이며, 자기의 마음을 믿어 의심치 않는 것이다.

자기 자신의 능력의 범위 내에서 자신감을 찾지 않으면 우리는 잘 살 수 없다. 우리는 올바른 자신감을 가졌을 때 비로소 잘살 수 있는 계단에 발을 디딜 수 있는 것이다.

자기 자신이 그 일에 적합하지 않다거나 부족하다는 생각을 가지고 있다면, 어떤 일이고 완성할 수도 잘살 수도 없다.

자신감은 목표를 달성하는 길의 문을 열어준다.

대부분의 사람들은 자신의 재능을 과소평가한다. 이들은 큰일을 할 수 있음에도 불구하고 자신감이 없어서 자신이 가지고 있는 능력을 최대한 발휘하지 못한다.

잘살지 못하는 사람들은 자신감이 없고 열등의식에 사로잡혀 있다.

열등의식이란, 자신이 남보다 열등하다는 의식이다. 다시 말해서 심각한 자기 의심이 열등의식이다. 이 열등의식이 당신의 잠재력을 가로막는다.

이것은 당신이 성장하면서 겪은 어떤 불행이나 혹은 어떤 환경의 영향으로 생긴 것으로, 우리 자신이 저지른 잘못에서 기인하기도 한다.

우리 인간의 내면에는 두 개의 실체가 있어서 순간순간 싸우고 있다. 하나는 강하고 대담한 것이고, 다른 하나는 악하고 비겁한 것이다. 이 두 실체는 우리 앞에 문제가 일어날 때마다 갈등하고 싸운다. 태도가 사실보다 중요하다는 말이 있다. 아무리 불가능하고 절망적인 일에 직면했을지라도 그 일을 접하는 각자의 태도에 따라 문제 해결의 성패가 좌우된다. 미리 겁부터 먹고 문제를 회피하면 그 문제에 굴복 당한다.

반면 자신 있게 적극적으로 문제를 풀어나가는 사고방식을 지닌 사람은 그 문제를 이겨내어 마침내 잘살게 된다.

패배할 것 같고 자신이 없거든 자기 자신의 강점을 하나하나 찾아보라. 그러면 어느 정도 자신감이 생길 것이다.

자신감은 언제나 우리 마음을 사로잡는 마력이 있다. 자신감을 가지고 문제를 생각하다 보면 어떠한 어려운 문제에 봉착해도 극복할 수 있는 힘이 생긴다. 자신감은 힘을 낳고, 인내력을 만든다.

'가능하다고 믿는 자는 정복할 수 있다.'

에머슨이 갈파한 말이다. 자신감은 성공의 첫째 요건이다. 자신감이 있으면 불안과 두려움은 저절로 사라진다.

생각이 인생을 좌우한다

믿는 대로,
원하는 대로 된다.
믿음을 가져라.
이것은 성공의 기본적인 요소이다.

당신이 어떤 일을 할 때 성공하길 바란다면 당신이 하는 일에 전심전력하라. 에너지를 완전히 그 일에 쏟아 부었을 때 당신이 목적한 바를 달성할 수 있다. 최악을 우려하지 마라. 최선을 기대하라. 그러면 마음에서 희망이 용솟음칠 것이다.

"희망하는 것은 얻게 된다는 것을 명심하자."

에머슨의 말이다. 적극적으로 생각하고 긍정적으로 생각하는 사람은 자기가 목적한 바를 성취하는 데 필요한 힘을 얻게 된다는 것을 기억하라.

생각은 성격에 영향을 주고, 이 성격은 인격에 영향을 준다. 또한 이 생각은 인생의 성패를 좌우한다.

생각이 변하면 마음이 바뀌고 행동이 바뀐다. 불건전한 생각을 하면 점점 건전치 못한 인간이 된다.

생각이 우리를 강자로 만들기도 하고 약자로 만들기도 하며, 인생의 승리자가 되게도 하고 패배자가 되게도 한다. 승리, 성공을 생각하면 승리자, 성공자요 패배를 생각하면 패배자이다.

당신이 용기 있는 사람이 되길 원하면 용기 있는 것처럼 행동하라. 또한 능력 있는 사람이 되길 원하면 능력 있는 것처럼 행동하라.

믿는 대로, 원하는 대로 된다. 믿음을 가져라. 이것은 성공의 기본적인 요소이다.

자신이 간절히 원하는 것을 기대하면 마음속에 인력이 생겨, 그 인력이 우리에게 원하는 가장 좋은 것을 끌어다 준다. 그러나 좋지 않은 것을 기대하면 마음속에 반발력이 생겨 오히려 좋은 것을 축출한다.

인간의 성격 중에서 가장 강력한 힘은 정신력이다. 최악의 상태에 시 최선의 상대를 바랄 때 모든 일은 순조롭게 풀린다.

자기를 의심하는 마음에서 벗어난다면 스스로 어느 한 곳에 전력 투구할 수 있으며, 하나의 문제에 집중할 수 있다. 이렇듯 정신적, 육체적인 힘을 어느 한 곳에 집중하면 굉장한 에너지가 나온다. 이 에너지를 당신이 하는 일에 집중시켜 보아라. 그 엄청난 성과에 놀랄 것이다.

강한 인간이 되어라

자신이 어떠한 상황에 처해 있을지라도
자신을 지키며 목적한 바를 이루어 가치 있게 살 것인가,
아니면 자신이 원하는 것이 무엇인지도 모른 채 남에게 이끌려 다닐 것인가
하는 선택권은 오직 자기 스스로에게 달려 있다.

강하다는 것은 남을 지배할 수 있는 기술이나 세력을 의미하는 것은 아니다. 그 말은 자신의 강한 의지를 바탕으로 하여 행동하는 것이며, 당신의 인생을 보람 있고 사회에 유용하게 이끌어 감을 의미한다.

오늘날과 같은 복잡다단한 세상에서 자신의 뜻대로 살기 위해서는 의지가 강한 인간이 되어야 한다. 나약한 사람은 남의 눈치 살피기에 급급하여 자기 인생을 다른 사람에게 맡긴다.

사람은 누구나 가치 있고 귀중하다. 그러므로 자신의 장점이 나쁜 방향으로 이끌려가거나 발휘되지 못하게 방치해서는 안 된다.

자신이 어떠한 상황에 처해 있을지라도 자신을 지키며 목적한 바를 이루어 가치 있게 살 것인가, 아니면 자신이 원하는 것이 무엇인

지도 모른 채 남에게 이끌려 다닐 것인가 하는 선택권은 오직 자기 스스로에게 달려 있다. 다시 말해서 효과적으로 생활하여 잘사느냐, 아니면 비효과적으로 생활하여 당신의 희망을 이루지 못하느냐 하는 것은 오직 당신 자신에게 달렸다는 말이다.

 당신이 가치 있는 인간이라는 이유는 어디에 있을까? 남들이 그렇게 평가하기 때문인가? 이보다도 더 중요한 것은 당신 스스로가 가치 있는 인간이라고 확신하고 행동하기 때문이다. 즉 당신이 가치 있고 사람답게 행동하기 때문에 가치 있는 인간인 것이다.

 잘산다는 것은 무엇보다 먼저 당신이 가장 귀중한 존재임을 확신하는 데서부터 출발한다. 당신이 만일 나약하게 행동한다면 당연히 인정받아야 할 당신 자신의 가치마저 손상될 것이다.

 가치 있는 인간이 되려면 스스로 노력해야 한다. 살다 보면 자신이 의도했던 대로 되지 않는 경우도 있으며, 도저히 자신과는 맞지 않는 사람과 만나는 경우도 있고, 또한 더 이상의 손실을 막기 위해서 하던 일에서 손을 떼거나 본의 아니게 타협해야 할 경우도 있다.

 우리 인간들은 이렇게 복잡한 세상에서 손해 보지 않고 최대한 이익을 얻으려고 발버둥친다. 문제는 손해를 보았을 때 일어나는 감정의 혼란을 어떻게 극복하느냐 하는 것이다.

 이때 당신의 마음에 혼란이 일지 않는다면, 사실 손해란 중요한 것이 아닐 수도 있다. 다시 일어서서 몇 배의 이득을 얻을 수 있기 때문이다.

효과적인 행동이란 자신의 천부적인 자질을 최대한으로 활용하고 가능한 모든 방법을 적절하게 이용하는 것을 의미하는 것이지, 다른 사람을 교묘하게 이용하는 것이 결단코 아니다.

나약한 생활 태도는 항상 손해만 보는 보잘것없는 인간으로 만든다. 하지만 대부분 이 같은 평범한 진리는 이미 알고 있지만 고치기가 힘들다. 그렇다면 마음대로 되지 않는 이유를 한 가지씩 풀어 보자.

두려움의 정체는?

공포와 두려움은 고통을 동반한다.
그러므로 고통이 우리의 안전에 실제 도움을 주지 않는 것이라면 고통은 무익하다.
깊은 생각은 근거 없는 공포를 제거하고,
인간의 행복에 도움을 준다.

당신이 확신을 가지고 용기 있게 일을 처리하지 못하는 것은 실패하면 어쩌나 하는 두려움이 마음속에 잠재해 있기 때문이다.

'두려움'이란 것은 당신을 꼼짝 못하게 만든다. 그렇다면 두려움의 정체는 과연 무엇일까? 그런데 당신에게 두려움의 정체를 그려보라고 하면 도저히 표현할 수 없을 것이다. 공포란 이 세상에 존재하지 않기 때문이다.

두려움은 외부에 있는 것이 아니고, 두려운 생각과 불안한 마음을 갖는 당신 자신에게 있다.

당신이 두려움에 사로잡혀 있다면 무슨 일을 할 수 있겠는가? 성공이 확실하고 실패하지 않는다는 보장이 100% 들어 있는 사업이 어디 있겠는가?

당신 자신이 거리낌없이 하고 싶은 대로 하면 다른 사람이 싫어하지 않을까, 혹은 이러다 잘못되지 않을까 하는 따위의 두려움을 느끼고 있다면, 이것은 당신이 그 일을 피하기 위한 구실에 불과하다.

당신이 어떤 일을 회피하려고 할 때 일반적으로 쓰는 구실을 몇 가지 적어보자.

실패할 것 같다.
이렇게 행동하면 사람들이 나를 바보로 취급하겠지.
아무래도 자신이 없어.
그 일을 하게 되면 엄청난 타격을 받을 것이다.
실직하게 될지도 모른다.
사람들이 나에게 화를 낼 것이다.
내가 하고 싶은 대로 하고 사는 세상이 아니다.

이 같은 생각은 의지를 나약하게 하고, 어떤 일을 하기 전에 우선 겁부터 먹게 한다. 당신이 이러한 생각에 사로잡힌다면 당신은 패배자의 낙인을 면할 수 없다.

무슨 일을 할 때 모든 일이 잘될 것이라는 보장을 바란다면 당신은 한 발자국도 나아갈 수 없다. 장래 일을 보장받는 자가 어디 있는가? 약속된 미래란 있을 수 없다.

인생이 당신 뜻대로 된다는 보장은 없다. 당신이 인생에서 희망하는 바를 달성하고자 한다면 우선 마음속의 두려움부터 몰아내어라. 두려워하는 인생에는 전진도 성공도 없다. 이들에게는 오직 퇴보와 실패만 있을 뿐이다.

어느 성현의 말이다.
"나는 늙기까지 많은 고난을 예상했으나, 그렇게 예상된 고난에 빠져본 일이 없다. 고난은 대부분 마음의 문제였다."

공포나 두려움은 단순한 환상에 불과하다는 사실을 명심하라. 지금 당신이 상상하고 있는 재난이나 환난이 실제로 일어나는 경우는 드물다.

영국의 유명한 작가 새뮤얼 존슨은 다음과 같이 갈파했다.
"공포와 두려움은 고통을 동반한다. 그러므로 고통이 우리의 안전에 실제 도움을 주지 않는 것이라면 고통은 무익하다. 깊은 생각은 근거 없는 공포를 제거하고, 인간의 행복에 도움을 준다."
당신이 근거 없는 두려움에 사로잡혀 있다면 그것은 인생을 쓸데없이 낭비하는 것이다.

용기는 당신을 승리로 이끈다

어떤 일이 일어났을 때
중요한 것은 용감한가 아닌가를
확인하는 것이 아니라
직접 행동하는 것이다.

K라는 배우는 브로드웨이에서 상연될 어느 연극에 단역으로 출연하기 위해 오디션을 받기로 되어 있었다. 그가 오디션에 떨어질까 몹시 두려워하자 친구가 그에게 말했다.

"오디션에 떨어졌을 때 당할 최악의 경우가 무엇인지 생각해 보게."

친구의 말에 그는 이렇게 대답했다.

"그렇지, 최악의 경우라고 할지라도 내가 아직 배역을 받지 못한 지금의 상태와 다름없겠지."

그가 그렇게 말하는 순간부터 두려움은 사라졌다.

실패란 그에게는 출발점으로 되돌아온 데 불과했다. 그는 두려움이 얼마나 어리석고 무익한가를 깨닫게 되었던 것이다. 그 뒤 그는 오디션에 합격하여 원하던 배역을 맡을 수 있었다.

사물을 겁내지 않는 기개가 용기다.

당신이 용기를 가지고 있다고 하더라도 실제로 용기를 내지 않고는 두려움을 극복할 수 없다.

두려움을 극복하려는 굳센 의지를 품는 순간, 당신의 마음속에 잠재해 있는 두려움은 바로 용기와 대치된다.

용기는 다른 사람들의 비판의 소용돌이 속에 뛰어들어 자기 자신을 신뢰하고 자신이 선택한 결과를 받아들이겠다는 것을 의미한다. 또한 자기 자신을 믿고 스스로 선택한 인생이 진정한 가치 있는 인생이라고 믿고, 자신의 인생이 다른 사람에게 조종당하는 것을 거부하는 것이다.

당신이 용기를 내기 힘들 때 당신 자신에게 이렇게 자문해 보아라.

'내가 이 일을 하였을 때 내게 닥칠 최악의 경우는 과연 무엇일까?'

먼지 현실적으로 일어날 수 있는 일을 생각해 보아라. 그러면 당신은 마치 아이들이 어둠을 두려워하듯 당신 역시 아무것도 아닌 일에 두려워하고 있었다는 것을 깨닫게 된다. 당신이 두려워하고 있는 최악의 사태가 실제로는 별일이 아닐 수도 있다.

미국의 작가 해리스는 이렇게 말했다.

"어떤 일이 일어났을 때 중요한 것은 용감한가 아니한가를 확인하는 것이 아니라 직접 행동하는 것이다."

당신을 강하게 돋보이게 하는 대화의 기술

이야기할 때 아래로 눈을 내리깔거나
외면하는 것은 자신이 없으므로
상대방에게
자신을 맡기겠다는 신호나 다름없다.

강인하게 행동할수록 남에게 존경받는다. 당신의 능력을 작게 하는 두려움은 당신 스스로가 만든 환상이다.

용기는 항상 지니고 다닐 수 있는 것이 아니며, 당신이 도전받았을 때 스스로 선택해야 할 성질의 것이다.

아래는 다른 사람과의 관계에서 당신이 강하게 되는 몇 가지 예이다. 당신은 용기와 확신을 가지고 이러한 상황을 극복하기 바란다.

남의 양해를 구하는 것 같은 말이나 행동은 하지 마라.

가령 '질문해도 괜찮습니까?' 또는 '반품해도 괜찮을까요?' 하는 따위의 말 대신에 '**에 관해서 말해 주십시오.' '만족스럽지 않아서 반품하러 왔습니다.' 등의 말을 하라.

이야기할 때 아래로 눈을 내리깔거나 외면하는 것은 자신이 없으므로 상대방에게 자신을 맡기겠다는 신호나 다름없다.

상대방의 눈을 똑바로 보고 이야기하면 당신의 강한 의사가 전달될 것이다.

태도나 동작은 자신감과 강인함을 전달해 준다.

상대와 마주할 때 곧은 자세를 취하고 앉을 때도 어깨를 구부리지 말며, 얼굴에 손을 대지 말고 당당하게 말하라. 자기 자신의 생각에 확신을 갖는다면 얼굴이 창백해지거나 붉어지는 따위는 극복할 수 있다. 이야기할 때는 침착한 목소리로 말하라.

대화할 때 '아' '에' '저어' 등과 같은 말은 사용하지 말고, 자신의 의사를 솔직하고 자연스럽게 논리적으로 나타내라.

이러한 나쁜 습관은 대화를 갑갑하게 만든다.

돈, 물건 등 빌려주고 싶지 않을 때에는 단호하고 분명하게 거절하라.

거절하기가 곤란하여 우물쭈물하게 되면 결국 빌려주게 된다. 승낙하게 되면 후회하리라는 것을 뻔히 알면서도 친구에게 미움을 받을까 두려워한다면, 당신은 나중에도 계속 그 친구의 부탁을 거절할 수 없게 된다. 내키지 않으면 단호하게 거절하라. 참된 친구는 당신이 선택한 입장을 존중할 줄 안다.

노여움, 스트레스를 효과적으로 표출하는 법을 배워라.
다른 사람과 이야기할 때 분노를 느낀다면 적당히 그 분노를 표시하라. 화를 꾹꾹 참는다는 것은 정신 건강에도 좋지 않다.

자신을 이용하려고 하는 사람을 대할 때는 침착하고 냉정한 태도를 취하라.
두려워하거나 당황하는 듯한 태도를 취해서는 안 된다. 상대방에게 약점을 잡히면 뜻밖의 패배를 당한다.
당신의 감정이 상대방에 의해 조정되지 않도록 훈련하면 자기 자신을 마음대로 조절할 수 있다. 이렇게 될 때 상대방과의 게임에서 승리할 수 있다.

'그 일을 해낼 수 있을지 모르나 열심히 해보겠습니다' 같은 말은 삼가라.
상대방에게 자신감을 보여주어라. 상대방이 강한 사람에게는 약한 비굴한 사람이라면 당신의 자신감에 거부 반응을 나타낼지 모르나, 대부분은 당신의 자신감이 회사에 크게 기여할 수 있다고 생각하고 당신을 채용할 것이다.

부당하다고 생각되는 것은 따져라.

귀찮게 따질 것 없다는 생각 따위는 버려라. 만약 어떤 사람에게 대금을 지불하고 어떤 일을 시킬 때, 그 사람이 약속대로 이행하지 않으면 강력한 조치를 취하라.

우리는 복잡한 도시생활에서 어느 정도는 따지지 않고 넘어간다. 오히려 따지는 사람을 지독한 사람이라고 한다. 당신이 따지지 않고 그냥 넘어간다고 하면 좋을 사람은 누구이겠는가? 당신이 그냥 어물어물 넘어간다고 인격자로 존중하겠는가? 오히려 당신을 바보로 취급할 것이다.

자신의 권리를 따져 작은 것이라도 지키는 사람이 잘산다.

효과적인 전략을 짜라

어떤 일이든 성공할 때나
실패할 때 의논할 수 있는 친구를 구하라.
이런 친구가 당신에게 무한한 힘과
참된 용기를 준다.

당신이 정당하게 제대로 대우받기 위해서는 어떤 태도를 취해야 할까?

먼저, 부당한 대우는 결코 받지 않겠다고 결심하라.

당신은 다른 사람이 당신을 이용하려고 했기 때문이 아니라, 당신 자신이 그렇게 대접받도록 만들었기 때문에 희생당하는 것을 알아야 한다. 당신이 지금까지 부당한 대우를 받았다면 그 책임은 당신에게 있다.

피해를 입지 않겠다는 신념으로 다음과 같은 생활 방침을 세워라. 내 말에 관심을 기울이지 않는 사람들과는 이야기하지 않겠다.

상대방이 나를 무시하면 나 역시 그를 무시하겠다.
앞으로는 결코 다른 사람의 뜻에 따라 행동하지 않겠다.

가능하면 말보다 행동으로 반응을 나타내어라.
부당한 대우를 받을 때는 철저하게 저항하라.
당신에게 피해를 주려는 사람이 겁먹을 정도로 강한 행동을 취하라.

불평 섞인 말은 하지 마라.
또한 자신을 부당하게 대우한다고 상대방을 비난하는 것은 삼가라.
이것은 그 사람 때문이다.
당신 때문에 이렇게 됐다.
별수 없다.
그 사람이 나를 무시하는구나.
위와 같은 말은 하지 마라.

일이 잘되기를 막연히 기다리지 마라.
시간이 지나면 모든 것이 해결될 것이라는 안이한 생각을 버려라.
그때그때 대처하라.

상대방의 동의를 구하거나, 자기 자신을 격하시키는 말은 하지 마라.

나는 중요한 존재가 못 된다.

세상이 그러니 어쩔 수 없다.

나는 언제나 잘못만 저지른다.

위와 같은 말은 하지 마라. 이런 식의 자기 비하는 다른 사람에게 나를 무시해도 좋다는 뜻과 같다.

두고 보자는 식의 협박에 굴복하지 마라.

이럴 때 당신의 주장을 단호하고 분명하게 말하라.

당신만의 시간을 확보해 두는 습관을 키워라.

산책, 수영, 컴퓨터 게임, 바둑 등 당신이 즐기는 시간을 다른 사람에게 침해당하지 않도록 하라.

필요한 경우에는 '아니오'라고 분명하게 말하라. 이 말은 어떤 사실을 바꾸는 데 가장 효과적인 말이다. 당신이 사용하는 말 중에서 '아마' '그런데' '저' 따위의 말은 모두 버려라. 이런 말은 당신의 의도를 불충분하게 전달한다.

당신과 마음을 공유할 수 있는 친구를 구하라.

어떤 일이든 성공할 때나 실패할 때 의논할 수 있는 친구를 구하

라. 이런 친구가 당신에게 무한한 힘과 참된 용기를 준다.

불평꾼, 논쟁꾼, 허풍쟁이, 거짓말쟁이들을 대할 때는 다음과 같이 응답해서 당신의 의지를 보여라.

그 말은 지난번에도 했어요.

당신은 별 것 아닌 일을 불평하고 있어요.

당신은 사실과 다른 이야기를 하고 있어요.

이 같은 말은, 당신은 그 사람에게 쉽게 휩쓸리지 않겠다는 것을 확실하게 해주는 좋은 방법이다.

당신이 이런 사고방식으로 생활한다면, 당신의 인생이 다른 사람에게 조종되지 않고 당신이 주인이 되어 당신 뜻대로 삶을 살 수 있을 것이다.

어떤 경우에나 쉽게 타협하는 것은 당신 자신이 스스로 당신을 지기지 않겠다는 의시 표시이다.

사랑하는 순간, 당신은 최고로 행복해진다

우리는 살면서 점점 행복을 잃어가고 있다.
물질적인 욕심 때문에,
혹은 명예에 대한 지나친 집착 때문에 마음의 평화도 잃어가고 있다.
이럴수록 사랑은 더 큰 빛을 발한다.

당신 자신이 자유롭고 완전하게 어느 누군가를 사랑하는 순간이 최고로 행복한 순간이다.

대부분의 사람들은 아이들은 사랑을 요구할 줄만 알고 되돌려서 갚지 못한다고 생각하고 있다. 그러므로 다른 사람을 사랑하는 방법을 열심히 배워야 한다고 한다.

그러나 어린아이들이 사랑을 받고 사랑을 되돌려 줄 수 없다고 해서 사랑하지 못한다고 생각하는 것은 불합리한 생각이다.

사랑의 최고의 표현은 자기 자신을 자유롭게 자발적으로, 완전히 주는 것이다.

어린아이의 최초의 인격적인 관계는 어머니부터 시작된다. 이 관계는 어머니 뱃속에서부터 시작된다. 혼란한 세상에 나오기 위해 정신적으로 충격을 받고 육체적으로 고통을 겪지만 부드러운 어머니의 젖가슴에 안겨 사랑을 받는다. 이렇게 몇 달이 지나면 어린아이들의 얼굴에는 사랑스러운 표정이 넘쳐난다.

산부인과 병원에서는 신생아와 다른 신생아를 분리시켜 놓는데, 이것은 어린아이들에게는 고통스럽고 무서운 경험이다. 이때 아이들은 자기들의 위치가 어디이며, 어떤 일이 일어날 것인가를 완전히 확신하지 못한다. 어린아이들은 배고프거나 고통스럽거나 두려움과 같은 정당한 이유를 제외하고는 울지 않는다. 사랑을 직접적으로 받지 못할 때는 두려움이 따른다.

아이들은 필요한 것이 무시될 때는 왜 무시되는가를 이해할 수 없다. 왜냐하면 아이들은 어머니의 자궁 속에서는 좌절을 경험하지 못했기 때문이다.

가정에서 아버지들은 아이들이 울어서 잠을 깨우면 짜증을 내며 아이를 구박한다. 또 형들이 질투심에서 계속 아이를 괴롭힌다. 이러한 당혹스러운 세계에서 아이는 그저 불가피하게 의지해야 하는 사람을 확신하는 능력을 의심하게 된다.

사랑스러운 보살핌을 지속적으로 받지 못하면 더욱더 불확실한 인간으로 자란다. 그렇기 때문에 인간은 태어날 때부터 사랑을 받고 행복하게 반응을 나타내는 것이 중요하다.

어른들의 세계에서도 사랑이 없는 환경에서 사랑을 기대하는 것은 실제적으로도 불가능하다. 하물며 어린아이야 말해 무엇 하겠는가.

요컨대 한 인간이 행복하게 성장하는 것은 주로 두 가지 사실에 좌우된다.

진실한 자기 자신이 될 수 있게끔 어릴 때의 환경에서 어느 정도까지 허용되었는가? 다시 말해서 어느 정도까지 자기 자신을 발전시키면서 성장했는가?

사랑받을 권리가 어느 정도까지 존중되었는가?

우리는 살면서 점점 행복을 잃어가고 있다. 물질적인 욕심 때문에, 혹은 명예에 대한 지나친 집착 때문에 마음의 평화를 잃어가고 있다. 이럴수록 사랑은 더 큰 빛을 발한다.

말보다 느낌과 의식이 중요하다

행복한 사람은 자기 자신을 사랑하는
능력을 가진 사람이다.
이것이 인간의 악한 감정에 의해
억압을 받지 않는다면 커다란 덕이 된다.

사람들은 의지력으로 어울려서는 즐겁게 생활하지 못한다. 문제는 사람들이 공통적으로 가진 것이 무엇인가를 아는 것이다.

가족관계는 공통적인 것을 많이 가지고 있을지라도 다른 사람의 결합에 민감하다. 그러나 불쾌한 일, 미움, 불행이 많을지라도 사랑이 있으면 확신과 애정은 확고하게 이루어신다는 것을 서로 잘 안다.

인간관계의 위기는 불가피하며 자연적이다.

인간관계의 위기는 사랑을 키우고, 행복을 발견하고, 인간의 마음이 비뚤어지게 하는 원인을 제거함으로써 해결할 수 있다.

말다툼이 적은 것은 상황을 잘 조정한다는 의미이지만, 그들 사이에 진실한 사랑이 있다는 것은 아니다.

부부 사이에 불쾌한 일이 끊임없이 일어나는 것은 문제의 원인을 찾지 않고 그 결과만 가지고 끝없이 논쟁하기 때문이다.

우리는 사랑하는 사람과 함께 살아야 하지만 사랑하지 않는 사람, 심지어 우리를 해치는 사람과도 함께 생활해야 한다.

그런데 우리는 서로에 대해 언제 위로하고, 용기를 주고, 칭찬을 해야 하는지 잘 알지 못한다. 어떤 사건에서나 문제에 있어서 중요한 것은 말이 아니라 문제의 배후에 있는 것이다.

인간관계에 있어서는 말보다 의식이 중요하다.

당신이 어떤 사람을 불편하게 느끼면 그 사실을 솔직하게 받아들이고 그를 피하도록 하라.

사랑으로 충만한 사람은 잔인하거나 정직하지 못한 사람을 만나면 불편을 느낀다.

행복하고, 창조적이며, 진실로 성공적인 사람은 사랑을 할 줄 아는 사람이다.

불행하고, 파괴적이고, 고독한 사람은 다른 사람을 미워하는 사람이다. 이런 사람의 가슴속에는 다른 사람에 대한 미움만이 끓고 있다.

행복한 사람은 자기 자신을 사랑하는 능력을 가진 사람이다. 이것이 인간의 악한 감정에 의해 억압을 받지 않는다면 커다란 덕이 된다.

미워하고 혐오하지 않는 것이 용서다

당신이 나의 과실을 용서하는 것은,
당신은 인간으로서 언젠가 과실을 저지를 수 있기 때문이다.
이런 용서는 우리들이 우리들 자신을
용서하는 것보다 쉬운 일이다.

어떤 사람이, 참된 용서는 자기를 해한 사람을 사랑하는 것이라고 말한 어느 목사의 설교를 듣고 흥분하여 목사에게 반문했다.
"내가 어떻게 그 사람을 사랑할 수 있겠습니까?"
그는 마음의 상처를 도저히 억제할 수가 없었다.
"나는 그를 용서할 수 없어요. 그는 나의 아내를 꾀어냈습니다."
그러자 목사가 이렇게 대답했다.
"그러나 당신은 이미 그를 용서했습니다. 당신은 한 주일 전에 그를 능히 죽일 수 있었음에도 불구하고 죽이지 않았습니다. 그때 이미 당신은 그를 용서한 것입니다. 불합리한 이상주의만이 당신과 같은 환경에서 그를 사랑할 것을 기대하는 것입니다. 당신은 그를 미워하고 그를 혐오합니다. 당신이 그렇지 않다고 하면 그럴 마음이 없기 때문입니다. 미워하고 혐오하지 않는 것이 용서입니다. 당신이 용서한 것은, 당신이 복수를 하면 더욱 악화된다는 것을 잘 알기 때문입니다. 당신은 그렇게 한 당신 자신을 자랑하십시오."

친구 사이나 가족 사이의 용서는 더욱 친숙하다. 이해 이상으로 용서에는 재결합을 요하는 애정이 있다. 이러한 용서는 오해를 극복하고 상호 신뢰를 재정립한다.

서로 용서하는 방향에서 이해하는 능력은 인류애에 크게 기여한다.

당신이 나의 과실을 용서하는 것은, 당신은 인간으로서 언젠가 과실을 저지를 수 있기 때문이다. 이런 용서는 우리들이 우리들 자신을 용서하는 것보다 쉬운 일이다.

민주주의라고 모두가 평등한 건 아니다

무엇보다 세상을 사는 동안
우리가 진정 원하는 것이 무엇인가
그때그때 확인하고,
우리 일은 우리 자신이 한다는 확고한 결심과 행동이 중요하다.

　인류는 역사 이래로 계속 서로 싸우고 지배하고 희생당하는 투쟁의 시간을 가져왔다.
　오늘날 비록 평등 개념에 의해 만들어진 민주주의가 전 세계의 정치 이념으로 가장 널리 퍼져 있지만, 그 정치 이념 안에서 생활하는 우리는 과연 물질적, 정신적으로 평등한가?
　결론부터 말하면 '아니다'이다.
　현대를 사는 우리는 우리의 의사와 달리 행동할 때가 많다. 아니면 우리보다 좀 뛰어나다는 사람들의 생각에 따라 움직일 때도 있다.
　두 경우 모두 우리가 물질적으로, 정신적으로 약자임을 보여주는 단적인 예가 된다. 이미 평등의 개념은 없어진 것이다.
　살아가면서 우리가 남을 지배할 필요까지는 없지만, 타인의 지배를 받아 우리의 행동이 달라진다면 굉장한 스트레스가 될 것이다.

　복잡다단한 현대사회를 우리 뜻대로 살아가기란 쉬운 일이 아니다. 무엇보다 먼저 세상을 사는 동안 우리가 진정 원하는 것이 무엇인가 그때그때 확인하고, 우리 일은 우리 자신이 한다는 확고한 결심과 행동이 중요하다.

　이런 상황에서 벗어나려면 우선 우리 주변의 일상을 관찰해 볼 필요가 있다.

무엇이 나를 패배자로 만드는가?

우리가 패배자나
희생자가 될 이유는
세상 어디에도 없다.
명심해야 할 것이다.

우리가 우리의 인생을 주도하지 못할 때, 인생의 패배자가 됨과 동시에 희생자로 전락하는 것이다. 그러면 패배자가 아닌 승리자가 되려면?

그러기 위해 갖추어야 할 덕목은 바로 '주체성'이다. 경제적으로나 사회적으로 위축되었을 때, 난관을 극복하기 전에 자신을 추스를 수 있는 주체성이 먼저 확립되어야 한다. 그렇게 되면 자신은 물론이고 자신과 닮은꼴인 또 다른 피해자를 막을 수 있다. 어떤 형태의 지배이든지 자신이 싫으면 타인도 싫은 법이다.

그렇지 않고 하루하루를 주체성 없이 자신이 원하는 감정이나 행동과는 무관하게 그 지배권을 타인에게 넘겨준다면 패배적인 인생을 살 수밖에 없다. 희생자나 패배자 모두 타인들의 의사에 따라 살아가는 사람들이다.

그들 대부분이 물질적으로나 정신적으로 독립을 하지 못하고 나약한 생활을 하고 있다. 더 나아가 스스로 지배를 받고자 하는 노예처럼 보일 때도 있다.

이들, 패배자들의 공통된 특징은 '이 세상은 내가 살기에는 힘의 한계가 있다'고 여긴다는 점이다. 즉 자신의 인생을 살면서 마치 남의 인생을 대신 살아주는 것처럼, 혹은 힘겨운 도전을 받고 있는 것처럼 잔뜩 인상을 찌푸리고 산다는 것이다.

따라서 이런 사람들은 삶의 위험에 직면했을 때 제대로 부딪쳐 보지도 못한 채 중도에 포기하고, 다른 사람의 그늘 속으로 안주하고자 한다.

우리가 패배자나 희생자가 될 이유는 세상 어디에도 없다. 명심해야 할 것이다.

패배적인 습관

타인에게 속박당하고
관리받지 않고 살기 위해서는
먼저 스스로가 처한 상황을
예리하게 분석하는 판단력이 필요하다.

 우리가 어렸을 때는 힘이 약하고 경제적인 능력이 전무하고 지능이 발달되지 않아 부모의 보호를 받았다. 이와 같이 어린 시절에는 스스로 자신의 인생을 지배할 수 없고, 경제적으로나 사회적으로 독립이 어려워 부모의 결정을 따른다.
 물론 이처럼 자신에게 사리를 판단하거나 뭔가를 선택할 능력이 없을 때는 자신보다 강한 사람의 지시에 따르는 것이 현명하다. 그래서 설령 자신이 독립적인 행동을 취하고 싶다고 해도 미숙함을 인정하고, 자신의 판단과 행동을 타인에게 맡김으로써 오히려 편안해지기도 한다.
 하지만 어른이 되어서도 어린 시절의 습관이 남아 다른 사람들에게 의지하고 그들의 판단에 따른다면 패배자가 되고 만다. 우리가 패배자가 되지 않고 인생의 승리자가 되기 위해서는 건전한 습관을 길러야 한다. 습관은 실천을 통해서만 얻어진다. 생각만으로는 건전한 습관이 생기지 않기 때문이다.

세상을 살면서 모든 일을 우리 뜻대로 할 수는 없다. 게다가 불면, 속박, 근심 따위에 얽매이지 않고 살 수도 없다.

타인에게 속박당하고 관리받지 않고 살기 위해서는 먼저 스스로가 처한 상황을 예리하게 분석하는 판단력이 필요하다.

그리고 희생자나 패배자가 되지 않겠다는 강한 의지와 태도를 가지고 새롭게 삶에 임하는 적극적인 용기가 필요하다.

발 빠른 상황 판단력이 중요하다

자신의 생각대로 잘 안 된다고
속상해하거나 실망하지 말자.
그렇게 느끼는 것조차
패배적인 감정이다.

현실을 올바르게 판단한다는 것은 타인에게 자기 인생을 관리받지 않고 희생당하지 않는 것을 의미한다. 또한 내가 만나는 사람들이 실제 무엇을 요구하는가를 간파해 낼 뿐만 아니라, 나 자신이 세운 목표를 달성하기 위한 최선의 방법을 알고 있다는 의미이다.

방법은 간단히다. 현실 그대로를 받아들이고, 현실을 존중하는 사람과 함께 생활하면 자신이 처한 상황을 올바르게 파악할 수 있다. 현실을 올바르게 파악할 수 있다면 다른 사람에게 희생당하지 않는다.

현실을 올바르게 파악하는 것은 현재 상황을 깨달을 뿐 아니라, 계획을 세워 지속적으로 실행해 나가는 일이기도 하다.

계획을 한 가지만 세우는 것이 아니라 차선의 방법도 세워, 우선

하는 계획이 실패했을 경우 다음의 단계들로 옮겨가야 한다.

또 어떠한 경우에도 한 가지 계획의 성공 여부를 자기 삶의 전체 가치와 결부시켜서는 안 된다. 어떤 경우에서든지 여러 목표를 세울 수 있다. 일단 자신이 원하는 목표는 여러 수단을 써서 성취해야 한다.

이때 어떤 한 수단이 목표를 성공으로 이끌었다고 해서 그 자체가 중요한 것이 아니다. 그것은 우리의 인간적 가치와 무관하며, 행복을 측정하는 기준이 되지 못한다.

자신감과 신념을 지켜나간다면 인생을 보다 풍요롭게 살 수 있다. 이것들은 우리가 인생의 주인공이 되어 살아가는 데 필요한 무기인 것이다. 타인의 충고도 들을 필요는 있다. 하지만 확신에 찬 자신의 생각이나 의견만큼 인생을 승리로 이끌지 못한다. 우리가 피해를 입지 않고 승리자가 되기 위해서는 다음과 같은 패배의식도 없애야 한다.

● ●

내가 질 것 같다는 생각

이렇게 미리 패배의식을 갖고 다른 사람을 대하면 패배하는 것은 불 보듯 뻔한 일이다. 당연히 자기 스스로가 타인의 희생물이 된다.

● ●
남들 앞에 서면 당황할 것 같다는 생각

남들 앞에 서는 것이 매우 당황스러울 것 같다고 생각한다면 십중팔구는 생각대로 당황한다. 이러한 사고보다는 '어떤 사람이든지 날 당황하게 못 해. 난 절대 당황하지 않아.'라고 맘을 고쳐먹으면 이것 또한 생각대로 된다. 절대 당황하지 않는다.

● ●
나 같은 사람에게는 찬스가 오지 않으리란 생각

자기 스스로가 하찮은 존재라 믿으면 실제로도 하찮은 존재인 것이다. 자신을 비하하는 것은 상대방을 승리자로, 자신은 패배자로 모는 결과를 낸다. 이러한 자세보다는 자신의 위상을 드높이기 위해 자신감을 갖고 목표를 향해 매진하라.

● ●
남들에게 본때를 보여주겠다는 생각

남들에게 본때를 보여주겠다는 생각은 단순히 봐서는 적극적인 태도 같지만, 결과적으로 오히려 손해를 보거나 패배를 당하는 요인이 된다. 타인에게 자신을 보여주기 위해 단단히 벼르고 있다는 것 자체가 이미 자신이 타인에게 조종당하고 있으며 그 영향 아래에 있다는 것을 스스로 광고하는 것이나 마찬가지다.

● ●
나의 부탁이 상대를 화나게 한다는 생각

타인이 화를 내는 것을 두려워하고 있다면 타인의 지배를 받고 있다는 것이다. 이처럼 나 자신의 나약한 모습을 아는 타인들은 기회 있을 때마다 화를 내어 나를 패배자로 만들 것이다.

● ●
내가 한 일을 알면 나를 바보 취급하겠지 하는 생각

이러한 사고방식은 자신의 생각을 타인의 사고보다 못하다고 여기기 때문에 생기는 것이다. 자신이 한 일에 대해서 자부심을 가질 필요가 있다.

● ●
내가 원하는 대로 해버리면 상대방이 싫어한다는 생각

이것 역시 상대가 우리를 조종할 때 즐겨 사용하는 것이다. 만일 상대방이 '내 기분이 많이 상했어.'라고 말할 때 당신의 행동이 달라진다는 것을 알면, 당신이 의사 표시를 할 때마다 감정이 상했다고 말함으로써 당신을 지배하려 들 것이다.

패배적인 사고를 가진 사람들이 주로 타인의 감정을 상하지 않게 하려고 항상 조심한다. 그렇다고 완고하게 행동하라는 것도 아니다. 다만 그들의 기분 따위는 상관하지 말고 자신의 의사대로 행동을 하면 된다. 그 경우 그들은 그러한 당신의 태도를 오히려 당연하게 생각한다.

혼자서는 힘든 일이니 대신할 다른 사람을 찾자는 생각

이런 생각을 하고 있다면 당신은 아무것도 할 수 없다. 내가 해야 할 일을 타인에게 떠맡기는 것은 결국 자신에 대한 회의와 열등의식만을 초래한다. 게다가 자신 스스로가 자기의 능력을 의심한다는 것을 알면 타인들은 제멋대로 일 처리를 할 것이며, 내 생활을 일일이 간섭하려 들 것이다.

사람들의 태도가 공평치 못하다는 생각

이 같은 생각은 세상사가 자기 뜻대로 되기를 바라는 사고방식이다. 살아가다 보면 부당한 일이 생기게 마련이고 우리가 싫다고 해서, 옳지 못하다고 해서 일어나지 않는 것도 아니다. 부당한 경우를 당했을 때 도덕적 잣대로 평가해 불평불만을 말하기보다는 '사람들이 이렇게 생각하니까 다시 이런 일을 벌이지 말아야지' 하고 다짐하는 편이 백 번 낫다.

이상에 열거한 예는 우리 자신을 자멸로 이끄는 사고방식의 유형이다.

성공하려면, 그래서 부유해지려면 무엇보다 나 자신의 사고방식, 그리고 생활방식 및 현실을 올바르게 파악하라. 그러면 다음과 같은 장점도 덩달아 따라오게 되어 있다.

1. 목표를 효과적으로 처리할 수 있다.
2. 자기 불신의 감정이 없어진다.
3. 최선의 대응책을 몇 가지 세워 실천할 수 있게 된다.
4. 나 자신이 진행시키는 일에 대해 당황하지 않고 자신감을 지니게 된다.
5. 추진력이 있고 자신이 원하는 인간형으로 발전한다.

현실을 잘 파악하면 우리는 75%의 성공을 보장받을 수 있다. 나머지는 자기 자신의 노력 25%에 달려 있다.

자신의 생각대로 잘 안 된다고 속상해하거나 실망하지 말자. 그렇게 느끼는 것조차 패배적인 감정이다.

네 가지의 장벽

나 자신이 원하는 인간상을 간직하라.
만일 실패하면 실망하지 말고 다시 일어서라.
처음 한두 번의 실패는
오히려 플러스 요인이 될 것이다.

잘 믿어지지 않겠지만, '사람에게는 대개 자신이 원하고 바라는 대로 이루어지는 일이 적지 않다'라고 긍정적인 사고를 한다면 우린 패배자가 되지 않는다.

물론 생각처럼 간단한 일은 아니다. 무엇보다 먼저 자신이 가진 능력과 용기로 자아실현을 하겠다는 굳은 의지가 있어야 가능하며, 그 결과 경제적으로나 사회적으로 우월한 위치에 오를 수 있다.

또한 결코 나 자신 이외의 어느 누구에게도 속박당하지 않겠다는 확고한 의지가 있어야 한다. 이러한 의지는 우리의 참된 능력에서 비롯되는 것이다.

자신에게 주어진 참된 능력을 알기 위해 무엇이 필요할까? 그것을 알기 위해서는 먼저 우리들의 능력이 과소평가되고 있는 네 가지의 중요한 분야를 알아야 한다.

● ●

육체적 능력

우리가 올바른 판단을 가지고 육체적으로 무언가를 해내려고 원한다면, 자기 자신이나 다른 사람이 생각하는 이상으로 힘을 발휘할 수 있다. 즉 상식적으로는 도저히 불가능한 일을 이룰 수 있고, 강한 의지만으로도 초인적인 힘을 발휘하여 많은 장벽을 극복할 수 있다는 말이다.

필립 박사의 저서 『감추어진 힘』에 다음과 같은 글이 있다.

어떤 중년 부인과 아들이 마을에서 떨어진 사막 지대를 통과하던 중이었다. 갑자기 차가 고장이 나서 아들이 잭을 사용하여 차를 들어 올려 놓고 차 밑에 들어가 고치고 있었다. 그런데 갑자기 잭이 고장이 나서 아들이 차에 깔렸다. 차를 들어올리지 않으면 아들은 압사할 수밖에 없는 상황이었다.

이때 부인이 미친 듯이 달려와서 차를 들어올렸다. 어디서 그런 힘이 솟아났는지 그 부인 자신도 몰랐다. 아들이 차에서 빠져나오자 그 부인의 힘은 순식간에 떨어졌다. 그녀는 순간적으로 수백 파운드 무게의 차를 들어올렸던 것이다.

일반적인 상식으로는 도저히 불가능한 일이다. 이 같은 예는 수없이 많다. 인간은 틀림없이 해내겠다고 마음먹을 때, 평소에는 불가능한 일을 해내고 초인적인 힘을 발휘한다.

육체적인 질병도 마음가짐에 따라, 정신적인 자세에 따라 극복할 수 있다. 감기, 고혈압, 두통, 경련, 심지어 악성 심장병, 궤양까지도 걸리지 않는다는 믿음을 가지고 있으면 걸릴 확률이 낮아질 수 있다.

일상생활에서 지금까지의 마음 자세를 바꾸어 건강하고 긍정적인 사고를 한다면 사소한 질병은 예방할 수 있다. 우리의 나약한 생각 때문에 우리의 체력이 과소평가되는 경우가 있음을 알라.

정신분석학자 프린츠 알렉산더 박사는 이렇게 말했다.

'생물학이나 의학에서는 소홀히 하고 있으나, 마음이 육체를 지배한다는 사실은 인간 구조에 관한 가장 근본적인 진실이다.'

● ●

정신적인 능력

사람들이 갖고 있는 일반적인 편견들과 스스로의 잘못된 판단으로 주어진 능력에 제한을 받는다. 다시 말해서 외적인 요인에 의해 정신 능력이 제한받을 가능성이 크다는 것이다.

예를 들어보자. 1960년대 초 어떤 교사가 한 반은 아이큐를 기입한 명단을 가정 통신란에 사용하였고, 또 다른 반은 사물함 번호를 적은 명단을 사용하였다. 물론 사물함 번호를 학생들의 지능지수라고 잘못 생각하여 가정에 보내는 통신란에 사물함 번호를 지능지수로 적어 보냈다. 학생이나 교사도 지능지수인 줄로 알았던 것이다.

그런데 1년이 지난 후에 조사한 결과 지능지수와 사물함 번호가 높은 학생의 성적이 올랐다. 요는 지능이 낮다는 남의 말을 믿으면 실제로 공부에 흥미를 잃어 성적이 떨어지는 것이다.

우리는 선천적으로 천재일 수도 있고, 지능이 낮을 수도 있다. 하지만 우리가 어떻게 하느냐에 따라서 우리의 정신 능력은 달라질 수 있다. 어떤 일에 임할 때, 우리 스스로 그 일은 어렵다고 여기면 어려워진다. 예를 들어 외국어를 배울 때 '난 외국어엔 재능이 없어.'라고 한다면 외국어 실력이 쉽게 늘지 않을 것이다.

인간의 두뇌 능력은 놀라운 것이다. 우리가 이러한 능력을 최대한으로 발휘한다면 커다란 힘을 갖게 될 것이다. 그 힘을 잘 이용하면 우리의 주변은 풍요로워질 것이다.

그런데 '난 바보야.' 또는 '난 사실 머리가 좋지 않아.' 등 자신의 능력을 과소평가하는 무기력한 인간이 도처에 널려 있다. 이런 나약한 생각은 버리고 스스로가 선택한 목표에 매진할 수 있는 자신이 되라. 그런 자세야말로 우리를 승리자로 안정된 기반 위에 설 수 있게 한다.

정서적 능력

사람은 생각 이상으로 육체적으로나 정신적으로 뛰어난 능력을 가지고 있다. 하지만 천부적인 정서 능력도 자신의 예측이나 기대에 따라 달라진다. 자신 스스로가 우울하고 불안하고 두렵고 수치스럽다고 예측하면 예측한 대로 우리의 일상은 반복된다.

이와 같이 사람들은 가끔 우울해지는 것은 당연하다거나, 인간이기 때문에 수치스럽고 두려운 것이라고 자신의 감정을 변명하고 정당화시킬 것이다. 그러한 상태가 결코 인간적일 수는 없다. 그것은 인생을 상처투성이로 만드는 신경증적인 반응에 지나지 않는다.

우리는 이와 같은 반응을 일거에 제거할 수 있다. 감정의 혼란이나 불안이 인생의 비정상적인 상태임을 믿고 그것을 거부하면 우리는 자신을 활용할 줄 알고, 패배자가 되지 않을 것이다.

사회적 능력

자신이 소심하고 우유부단하고 실수를 잘하는 사람이라고 여긴다면 자신 스스로가 비사교적인 이미지를 갖고 있는 셈이다. 더군다나 이런 생각을 자주 하게 되면 타인에게 더욱 비사교적인 사람으로 보이게 된다.

또 자신을 하류, 중류 중 어느 한 계층으로 정해 놓게 되면 그런 생활 패턴으로 굳어지게 된다. 돈과 별 인연이 없다고 생각하면 돈 벌 기회도 잡지 못하고 놓치게 되고, 타인의 성공은 그저 운으로 돌리며 자위한다.

이 사회에서 자신이 어떤 방식으로 살아가느냐 하는 태도에 따라 인생이 결정된다. 돈 많은 부자로 살기 원한다면 그러한 이미지만을 마음속에 그려라. 창조적이고 자신 있게 사회를 살아나가는 모습을 그려라.

나 자신이 원하는 인간상을 간직하라. 만일 실패한다면 실망하지 말고 다시 일어서겠다는 패기를 가져라. 처음 한두 번의 실패는 오히려 플러스 요인이 될 것이다.

우리의 인생이 새로운 방향으로 전개될 때 예상되는 최악의 상태란, 우리가 현재 처해 있는 상태에 지나지 않는다. 그러니 절대 두려워하지 말라.

강요된 희생

타인에게 지배당하지
않겠다는 결심을 굳혀라.
그리고 그 결심을
가정에서 실천하라.

    우리가 참된 능력을 발휘하여 일을 하기로 결심했다면 그 일을 신중히 검토해야 한다. 일상적으로 겪게 되는 방해를 극복하는 것도 중요하지만, 우리 사회에서 아무렇지 않게 취급하는 장애를 극복하는 일은 더 중요하다.
    많은 이들이 자신이 원하는 인물이 되지 못하는 것은 장애를 제대로 파악하지 못하기 때문이다. 그런데 아이러니한 사실이지만, 가장 가까운 가족이 나 자신의 일에선 가장 중요한 장애요소가 되고 있다.
    나는 강연회에서 800여 명의 청중들에게 평소 원하지 않는 일을 하게 되는 경우 다섯 가지를 적어보도록 주문하였다. 그 결과 4,000여 가지의 희생의 형태가 나왔다. 그런데 더 놀라운 것은 83%가 가족과 관련된 것들이라는 것이었다. 즉 83%가 가족과의 접촉에 있어서 원하지 않는 행동을 한다는 것이다. 이것은 많은 사람들이 가족의 의사에 따라 행동을 한다는 의미이다.

가족과 관련된 문제점에는 마지못해 친척을 찾아보기, 정기적으로 전화 걸기, 간섭을 좋아하는 시어머니와 이해심 없는 친척들에게 참고 대하는 일, 무슨 일에나 하인과 같은 취급을 받으면서 지내는 일, 싫어하지만 하는 수 없이 시간을 보내는 일 등이 있다.

가정은 이 사회의 기본이 되는 곳이다. 또 가치관을 심어주고 생활 태도를 가르쳐 주는 산교육의 장이기도 하다. 하지만 역설적으로 불안, 적대, 억압 등을 배우게 되고 이러한 것을 제일 먼저 느끼게 하는 곳도 가정이다.

정신병원의 환자들 대부분이 가족관계에서 빚어진 문제가 계기가 되어 정신질환을 겪고 있다는 사실 하나만으로도 이것을 알 수 있다. 가정은 우리에게 인생의 중요한 결실을 맺게 해주기도 하지만, 시련도 줄 수가 있다. 자기 인생의 지배권을 가족에게 넘긴다면 가족들은 그 지배권을 그들 마음대로 관리하려 들 것이 분명하다.

가족들이 나 자신을 소유하고 있는데도 혈연관계라는 이유만으로 그것을 그저 참아내며 가정을 꼭 지켜야 한다면, 이는 중대한 문제를 야기한다.

물론 가족을 무시하거나 반항하라는 말은 아니다. 문제는 자기 자신의 주체성을 받아들이지 않는 사람이 가족과 친척들이므로, 분명한 희생물이 되지 않으려면 가족들에게 자신의 독립을 선언해야 한다는 것이다. 이렇게 되면 내가 가진 의도가 가정이라는 집단에서 맨 먼저 시험될 것이다. 가정에서 통과된다면 다른 경우에도 승리는 보장된다.

타인에게 지배당하지 않겠다는 결심을 굳혀라. 그리고 이 결심을 가정에서 실천하라. 가족들이 처음에는 잘 수긍하지 못하겠지만 내가 가진 마음을, 행동을 점차 이해하게 되고 더 이상 방해하지 않을 것이다.

PART
05

돈과 명예, 행복을 모두 갖는 법

일이란 무엇인가?

생명을 유지하기 위해서는 필수적인 요소가 있다.
대표적으로 공기, 빛, 물 등이 해당될 것이다.
일 역시 다른 무엇보다
인간 삶을 유지하기 위한 필수 요소 중의 하나이다.

    사랑과 성취는 고단한 삶을 이끌어가는 힘이 된다. 삶의 절반은 가정 속에서 이루어지고, 나머지 반은 직장에서 이루어지기 때문에 행복한 가정의 기본이 되는 사랑과 일에서 느끼는 성취감은 삶의 가장 큰 보상이 될 것이다.
    인간의 역사가 시작된 이래로 일에 대한 인산의 생각은 수없이 변화되어 왔다. 고대 이집트 왕국, 바빌론 왕국과 로마 제국 등에서는 주변 국가를 정복하여 붙잡힌 사람들을 노예로 이용하였다.
    이들의 생활은 참으로 고되고 지친 삶의 연속이었다. 노예 제도는 중세의 농노 제도로 이어져 일은 농노들의 몫이었다. 농노들의 수확물은 영주나 성직자들이 차지하였고, 농노들에게 일은 평생 해야 되는 것으로 생각되었다.

한편 청교도들에게 일은 이중적인 의미를 가지고 있었다. 청교도들은 삶 자체를 고역으로 생각하면서 동시에 감미로운 장난과도 같은 것으로 여겼다.

오늘날의 사람들에게 일은 돈을 벌기 위한 수단으로 여겨진다. 돈이 많으면 많을수록 삶은 풍요롭고 넉넉해진다는 생각이 보편적으로 퍼져 있다.

지금까지 시대에 따라 바뀌어 온 일에 대한 인간의 의식을 살펴보았다. 그리고 앞에서 설명한 일의 태도는 모두 올바르지도 않고 건전하지도 않다.

일은 달콤한 장난도 아니며, 인간에 대한 형벌도 아니다.

일은 축복 중의 하나이다. 그런데 여기서 말하는 일은 노예들의 강제적인 노동이나 현대인들이 돈을 벌기 위한 수단으로서의 일이 아니라, 자유로운 인간으로서 생활과 성취의 대상으로서의 일을 가리킨다. 일반적으로 의무라는 것은 자유에 주어지는 책임을 말한다. 다시 말해서, 일은 인간의 권리이며 의무인 것이다.

상점에서 파는 물건은 무엇이든 돈만 있으면 살 수 있으나, 행복이나 사랑 등 무형의 가치는 그렇지 않다. 일을 하면서 느끼는 만족과 행복은 분리될 수 없다. 왜냐하면 가치 있는 일은 삶의 원동력이 되며 행복의 근원이 되기 때문이다.

중요한 일은 그만큼 노력을 많이 기울인다. 그런데 오늘날 대부분의 사람들은 일에서 만족을 느끼지 못하고 있다. 그것은 일이 인간을 기계로 만들었고, 인간의 존엄을 부인해 버렸기 때문이다.

우리에게는 오늘날 교통문제가 완전해지기를 기대할 권리는 없다. 산업사회의 혜택을 입고 있기 때문에 그것의 부정적인 측면들을 감수해야 하는 것이다. 그러나 교통문제와 같은 산업사회의 부정적인 문제들은 산업사회 이전에 비해 인간에 대해 고려하지 않는다는 근본적인 문제점을 내포하고 있다.

이 세상에서 인간 자체를 유지하기 위해 필수적인 요소가 있다. 대표적으로 공기, 빛, 물 등이 해당될 것이다. 일 역시 다른 무엇보다 인간 삶을 유지하기 위한 필수 요소 중의 하나이다.

우리는 공장이나 사무실에서의 인간관계가 가정에서처럼 형식적이지 않고 진실해지기를 기대할 수는 없다. 이처럼 일을 위한 인간관계가 가정과 같지 않은 이유를 알기 위해서는 도대체 일이란 무엇인가에 대해서 살펴보아야 한다.

일이란 무엇인가? 일이란 어떤 목표를 완성하기 위해 노력하는 것으로서, 여기에는 의무와 책임이 있고 고용관계가 존재한다.

일하는 대부분의 시간은 몸과 마음을 이용해야 한다.
노동은 열성 없이 격렬하게 일하는 것을 가리킨다.
고역은 귀찮고 하기 싫은 일이다.

일은 여러 가지 이유로 축복으로 받아들이고 생각해야 한다.

일은 사랑 다음으로 다른 사람과의 관계를 가깝게 한다.

일은 질병이나 굶주림만큼이나 역사가 오래되었다.

인간의 행복과 발전은 일에서 비롯된다.

일은 우리들의 삶에 의미와 가치를 부여해 주고, 생존에 필요한 바탕이 된다.

어떤 일을 처리할 수 있는 능력은 만족감을 가져다준다.

다른 사람보다 가치 있는 기술을 가지고 있는 것은 자랑이 된다.

일은 도전하는 것이며, 고귀한 것이다.

행복한 사람은 목적 없이 살지 않는다. 행복한 사람은 일에 가치를 부여하고, 일을 성공적으로 처리하는 데 보람을 느낀다. 만약 사람들이 삶의 의미, 일의 목적을 찾지 못한다면 타락하게 될 것이다.

남들에게 인정받으며 우대받는 사람들은 자신의 본질적인 가치를 추구하며, 동시에 새로운 가치들을 지속적으로 만들어 낸다.

가치 있는 사람들의 노력이 빛나는 이유는,

1. 신중하게 목표를 선택하고 노력하고
2. 선택한 목표는 확고한 신념을 통해 현실에 바탕을 두며
3. 목표에 가까워지기 위해 최대한 노력하고, 도달할 단계는 목표에 가깝고 독특하기 때문이다.

게으르게 사는 것은 이미 죽은 것과 같다

행복하기 위해서는
목적과 희망을 가지고
세찬 물살을
거슬러 올라가야 한다.

　불행한 사람은 적게 생산하면서도 그들의 몫 이상으로 많은 것을 소비하고, 그들의 소유가 아닌 것을 파괴한다. 불행한 사람들의 또 다른 특성은 다른 사람들이 알지 못할 정도로 자신의 능력을 남에게 보여주지 않는다는 것이다.
　훌륭한 일을 해낸 것에 대한 자부심이 허무하게 느껴질 때 행복은 사라져 버린다.
　나태는 어떤 무엇보다 인간을 좌절시키고 실패하게 하는 원인이 된다. 일반적으로는 나태를 휴식으로 오인하기 쉽다. 휴식은 긴장에서 벗어나 더 많은 일을 할 수 있도록 일에서 잠시 벗어나는 것이다.
　이에 반해 나태는 하릴 없이 빈둥빈둥 노는 것이다. 이것은 창조적인 노력의 보상도 없고, 지적인 탐구에 몰두할 때의 흥분도 없다.

나태는 의미 있는 목표조차 없다. 하나의 일을 힘들게 노력하여 마쳤을 때의 희열도 없다.

게으르게 세월을 보내는 것은 감당하기 어려운 고역이며, 이미 죽은 것과 같을 수도 있다.

규칙적으로 도전적인 활동을 하지 않는 사람은 삶의 세찬 물살 속에서 목적 없이 떠다니는 해파리와 같다. 그는 시간을 좀먹고 파괴한다. 그는 무책임하게 자기 스스로를 버린 것과 같다.

행복하기 위해서는 목적과 희망을 가지고 세찬 물살을 거슬러 올라가야 한다.

가장 타락하고 비열한 인간은 목적 없이 사는 사람이다.

게으른 사람도 자기만족을 누리고 거짓 만족감을 느낄 수 있을지 모르지만, 결코 행복할 수는 없다.

더 높은 위치를 추구하라

겸허하게 남들의 충고를 받아들이며,
자신의 현재 위치에서 더 높은 위치를 추구하기 위해
확고한 목표를 정하고 열심히 일하다 보면
부유하고 넉넉한 삶을 누릴 수 있다.

    세자르 프랑크는 오르간 연주자이자 작곡가로서 평생의 대부분을 파리에서 보내며 음악학교에서 교편을 잡았다. 학생들에 대한 그의 영향은 대단했으나, 대중에게는 별로 인기를 얻지 못했다. 프랑스 파리의 화려한 생활에서도 그는 일에만 열성적이었다. 그는 평생 동안 단 하나의 교향곡밖에 작곡하시 못했다.
    어느 날 프랑크는 그 교향곡을 지휘하는 연주회를 가졌다. 현재 프랑크의 그 곡을 평론가들은 교향곡 중에서도 손꼽히는 곡으로 평가하고 있다.
    프랑크의 교향곡이 연주되었을 때, 그의 아내는 연주회에 참석하지 않았다. 남편의 교향곡을 청중들이 조롱하고 비웃지 않을까 두려웠기 때문이었다. 프랑크가 연주회를 마치고 집으로 돌아오자 그의 아내가 황급히 물었다.

"연주회는 어떻게 되었나요?"

"흠, 예상했던 대로 잘됐어."

 우리는 자부심, 자아 완성, 그리고 정신적 성숙이 행복의 기본이 되며, 부유하고 넉넉한 삶의 필수적 요소가 됨을 명심해야 할 것이다.

 어떤 때는 물질적인 풍요나 자랑스러운 명예보다 정신적 충족감이 우리의 삶을 넉넉하고 여유롭게 한다.

 정신적으로 성숙한 사람은 성공과 실패를 전적으로 다른 사람의 판단에 맡기지 않는다. 스스로 판단하고 결정한다. 물론 이것은 자기만족이 아니다. 자기만족은 나태와 게으름의 책임회피이며, 실패한 자의 변명에 지나지 않는다.

 진정한 자부심과 자아 완성은 주위의 판단에 의해 이루어지지 않고 스스로 성취하는 것이다. 그리고 주위의 소곤거림에 귀 기울이지 않고 자신의 위치에서 더 높은 위치를 추구할 때, 물질적으로나 정신적으로 풍요롭게 생활할 수 있다.

 우리가 창조적인 일에서 최선을 다한다면 만족감을 얻을 수 있다. 창조적이고 진취적인 일은 잘 차려진 식사도 아니고, 깨끗하게 다려진 셔츠도 아니며, 아이들을 즐겁게 하기 위해 잠자리에서 들려주는 이야기도 아니다. 우리는 일을 해야 할 도덕적 의무가 있으며, 일을 하는 데 있어서 우리 자신의 방법을 창조해야 할 의무도 있다.

우리가 어떤 목표를 달성했을 때보다 성취하기 위해서 노력할 때가 더 행복한 이유가 여기에 있다. 이미 완성된 것은 잠시 동안의 즐거움에 지나지 않으며, 만족감도 차츰 작아질 것이다.

목표를 달성하기 위해서 열심히 일하며, 가끔씩 앞을 가로막는 실망이나 좌절을 이겨내는 과정을 통해 부유하고 여유 있는 삶을 이루게 된다. 부유하고 넉넉한 삶에서 느끼는 행복은 부유하고 넉넉한 삶에 도달하기까지 숱한 고난과 어려움을 극복한 과정 속에 있다.

일반적으로 부유하고 넉넉한 삶을 바라보는 기준은 다른 사람들에게 있다고 생각하기 쉽다. 우리는 다른 사람이 우리의 성공을 인정하지 않으면 실패로 간주한다. 그리고 다른 사람이 우리가 실패했다고 선언하지 않으면 성공으로 생각하기도 한다.

이것은 완전한 착각이다. 물론 어떤 상황에서도 성공한 부분과 실패한 부분이 공존하기 마련이나. 하지만 부유하고 넉넉한 삶의 기준을 남들의 시각에 맞춘다는 것은 자신의 삶을 남에게 맡기는 것과 같은 것이다. 중요한 점은 부유하고 넉넉한 삶이라는 확고한 목표와 그것을 이루기 위해 노력하는 생활에 있다.

비난받는 고통은 칭찬받는 기쁨보다 가슴속에 깊게 자리 잡는다. 그러나 부유하고 넉넉한 삶을 원한다면 어떤 상황에서 칭찬받는 것보다는 비난받는 환경을 원해야 한다.

이것은 남들의 소리에 귀 기울이라는 것이 아니라, 자신의 일과 성공에 도움이 되는 충고에 귀를 기울여야 한다는 뜻이다.

 겸허하게 남들의 충고를 받아들이며, 자신의 현재 위치에서 더 높은 위치를 추구하기 위해 확고한 목표를 정하고 열심히 일하다 보면 부유하고 넉넉한 삶을 누릴 수 있다.

일 속에 부자로 사는 길이 있다

일이 자갈이라면,
일의 결과는 값진 진주이다.
하고 싶지 않더라도 일 속에서 해결해야 한다.
일 속에 부자로 사는 길이 있다.

무엇인가를 이루려고 하는 욕망과 그것을 실제로 성취하는 게 같은 것은 아니다. 하지만 어떤 장애도 간절한 소망은 방해하지 못한다.

부유하고 넉넉한 삶을 얻기 위해서는 많은 문제를 해결해야만 된다. 그리고 그러한 문세 중에는 인간의 열망과 한계 사이에서 만족할 만한 중간 지점을 세워야 하는 것도 포함되어 있다. 이것은 기회와 동시에 능력이 적절하게 이용되어야 한다.

자기가 하고자 하는 일을 얼마나 잘 처리했는가 하는 문제는 부유하고 넉넉한 삶을 이루는 기본이며, 행복과 성공을 좌우하기도 한다.

일의 성취에 있어서 자아 완성은 일뿐만 아니라 일에 대한 태도와 비례된다.

일을 하는 데 있어서 필요한 주의력과 집중력은 성공 가능성에 비례됨을 명심해야 한다. 즉 일을 하는 데 필요한 만큼 주의력과 집중력을 쏟아야 한다는 이야기이다. 일에 주의력을 적게 들여야 하는 것은 단조로운 일을 처리할 때이고, 많은 주의력을 기울여야 하는 것은 복잡하고 어려운 일이다. 여기에는 긴장이 필요하다.

인생의 반은 직장이 차지하고 있으므로, 맡은 일을 잘하는 것과 바꿀 만한 것은 아무것도 없다.

뚜렷한 목적이 없는 능력은 평범한 능력이다. 이러한 사람은 그들의 능력을 많이 사용하지만 성취하는 것은 적을 수밖에 없다.

가지고 있는 능력은 평범하지만 올바른 분야에서 일시적인 실패와 실망을 무릅쓰고 끊임없이 능력을 사용하는 사람이 부유하고 넉넉한 삶을 영위할 수 있다.

그날그날 맡은 일에 충실하며 최선을 다해야 한다.

당신은 태양과 달, 그리고 행성들이 그들의 임무에 얼마나 충실하고 있는지 생각해 보았는가?

직장에서 하는 일이 불행하다면 그 이유를 찾아야 한다. 직장에서 하고 있는 일에 불만을 느낀다면 인생의 절반이 불행한 것이다. 그리고 나머지 절반인 가정의 행복에까지 직장에서의 불행은 영향을 미치게 된다.

직장에서 느끼는 불행의 이유가 함께 일하는 동료와의 관계 속에서 발생하는지, 아니면 맡고 있는 일을 처리할 때 능력이 부족하거나 적성이 맞지 않는 것인지를 찾아야 한다. 이와 같은 상황에서 대처할 수 있는 방법은 다음의 네 가지로 요약할 수 있다.

1. 스스로를 바꾸어라.
2. 상황을 바꾸어라.
3. 자신을 깨뜨려 보아라.
4. 상황을 부수어라.

파괴적인 가능성은 좋지 않다. 그렇다면 건설적이고 지혜로운 방법으로는 어떤 것들이 있을까?

스스로에 대해 무엇을 알고 있는가? 아직까지 발견되지 않은 능력과 함께 일에 대해서 느끼는 만족감은 어떠한지 살펴보아야 한다.

일에서 행복을 찾기 위해서는 무엇이 필요한지 발견했는가? 일에서 행복을 느끼기 위해서는 어떤 희생이 필요한가?

자신에 대해서 철저하게 연구하고 생각할수록 인간관계는 수정될 수 있고, 시간을 더욱 유효적절하게 조절할 수 있다. 그리고 이러한 과정을 통해 경험으로 배울 수 있는 능력이 커질 것이다.

많은 사람들이 이러한 질문에 대답하지 못하는 것은 자기 스스로에 대해서 잘 알지 못하기 때문이다. 자신을 냉정한 시각으로 철저하게 살펴보는 것이 인생의 갈림길이 되어 부자로 살 것인지, 아니면 실패한 인생으로 삶을 마칠 것인지를 결정하게 될 것이다.

스스로 내린 평가가 부정적일 때는 더욱 강렬하게 자신을 연구해야 한다.

스스로 얻는 해답은 반드시 자신이 제기한 문제여야 한다. 즉 자신에게 내린 충고는 냉정한 자기 분석을 통해 이루어진다는 사실을 명심해야 한다는 것이다. 스스로의 문제점을 찾기 위해서는 시간을 투자해야 한다. 그리고 올바른 해결책을 연구해야 할 것이다.

서둘지 말고 신중해야 한다. 그러면 확실한 해결책이 발견될 것이다.

그 해결책에 따라서 행동해라. 그 해결책은 열심히 노력해야 하는 것일 수도 있고, 실패나 실망만을 안겨주는 것일 수도 있다. 그리고 해결책에 문제가 발견되면 다시 검토해야 한다. 이와 같은 시행착오를 통해 스스로가 일을 하면서 느끼는 문제점들을 보완해 나갈 수 있다.

평범한 것에서 벗어나고 또 실망감과 패배의식을 떨쳐버리지 않고는 결코 일에서 성공을 거두고 부자로 살 수 없다. 자신에게 일어난 상처나 고통들은 하는 일이나 그것의 결과인 부유하게 사는 것만큼 중요하지 않다. 실패에서 배운 교훈을 통해 일에서 성공을 거두고 부유하고 넉넉한 삶을 성취하게 된다.

자신 앞에 놓인 장애물을 극복하는 과정을 통해 성공에 한 발 다가설 수 있으며, 부자로 사는 발판을 마련할 수 있다. 실패와 실망의 과정을 통해 다시 일어설 수 있는 근성과 뚝심을 배우게 된다.

자기 스스로를 냉정하게 분석하고 거기에서 얻은 교훈을 참고삼아 부유하고 넉넉한 삶을 위해 나아가야 한다. 그리고 무엇보다 중요한 것은 최선을 다하는 것이다.

당신이 원하는 것이 무엇인지를 찾아내고 그 일을 해야 한다. 그 일이 어려우면 어려울수록 만족감이 크다. 사람은 귀찮고 하기 싫은 일을 할 때 싫증을 내거나 피로를 느끼지, 즐겁고 기꺼운 일을 할 때 싫증을 내거나 피로를 느끼지 않는다. 즐겨 하는 일로 인해서 인간이 녹초가 되진 않는다.

아무것도 하지 않는 것은 전혀 만족을 모르는 목표이다. 무엇인가에 도달하고자 하는 인간의 열망은 성취를 목표로 한다.

조지 버나드 쇼라는 극작가는 이렇게 말했다.

"노동은 우리가 해야만 하는 일이고, 여가 생활은 우리가 좋아서 하는 일이며, 휴식은 우리의 몸과 마음이 피로에서 회복되도록 아무것도 하지 않는 것이다."

일을 하지 않는 동안 즐기는 여가 생활은 많은 일을 하기 위한 유익하고 즐거운 것으로 생각할 수 있다.

휴식은 균형 있는 생활에 필수적인 요소이다. 어느 누구도 계속해서 정력을 쏟을 수 없다는 것을 명심해야 한다. 정력을 보충하기 위해서는 휴식이 필요하다.

모든 일에는 하고 싶지 않은 부분이 있다. 일에서 성공하고 부유한 삶을 영위하는 사람들은 하고 싶지 않은 부분도 성실하게 해낸 사람들이다. 그들은 달갑지 않은 일을 할 때도 놀라운 만족감과 성취감을 맛본다.

어떤 대학 교수는 어지럽게 흩어져 있는 도서 보관창고를 얻게 되었다. 그는 도무지 엄두가 나지 않는 창고를 깔끔하게 정리하였고, 몇 년 뒤에는 그곳에서 자기 마음대로 신속하게 필요한 정보를 얻을 수 있게 되었다.

직업에 종사하고 있는 사람들을 분석해 놓은 자료를 살펴보면 전체적으로 60%의 사람들이 자기 직업에 만족하고 있다. 특히 회사 경영을 맡고 있는 관리직과 대학 교수들, 그리고 전문직에 종사하는 사람들이 대체적으로 일에서 행복을 느끼고 성취감을 가지고 있는 것으로 나타났다. 이들은 일에 몰두하여 그 보상으로 사회적인 명성과 함께 넉넉하고 부유한 삶을 영위하고 있다.

사무직에 종사하는 사람들은 자기표현의 기회를 적게 느끼고 있는 듯하다. 이들 중에서 약 42%만이 행복을 느끼고 있다. 그리고 생산 노동에 종사하는 사람들은 단순노동이나 가게의 점원보다는 좀 더 일에서 행복과 성취감을 느끼는 것으로 나타났다.

이 통계를 분석해 보면 보다 복잡하고 전문적인 일에 종사하는 사람일수록 일에서 느끼는 행복과 성취감이 높은 것으로 나타났으며, 동시에 풍요롭게 여유 있는 생활을 하는 것을 알 수 있다.

고독과 소외감을 느낄 때, 슬픔과 근심을 이겨낼 수 있는 힘이 일에 있음을 기억해야 한다.

실망을 느끼고 있는가? 그렇다면 일에 몰두하라. 일이 없어 한가할 때에는 동네 청소하는 일이라도 돕고, 가족과 함께 집안일이라도 해야 한다.

일에 당신 자신을 묻어버리고, 근심이나 쓸데없는 생각 따위는 잊어야 한다.

당신의 마음이 고뇌로 가득 차서 잠을 이룰 수가 없거든 힘든 노동을 통해 몸을 고단하게 할 필요가 있다. 그러면 고뇌는 어느 순간 사라져 버리고, 쉽게 잠을 이룰 수 있을 것이다. 일은, 특히 창조적인 일은 마음이 병을 고치는 치료제가 된다.

알프레드 테니슨이라는 시인은 사랑하는 친구가 죽었을 때 가장 아름다운 시를 지었으며, 이슬람 최고 건축으로 꼽히는 타지마할은 사랑하는 왕비를 위해 샤 자한 황제가 무덤으로 지은 건물이다.

존 베리모어라는 배우는 자신이 연기할 대사가 외어지지 않아 자신이 연기해야 할 장면이 떠오르지 않았다. 어느 날 피로한 몸을 이끌고 집으로 돌아갔다. 더 이상 대사를 외우고 연기를 연습하는 것이 죽는 것보다 싫었기 때문이었다. 그날 저녁, 바로 이웃에 사는 사람이 자살하려다 미수에 그친 사건이 발생했다.

그는 자살을 시도한 사람과 함께 밤을 보내면서 힘을 얻었고, 새로운 의욕과 용기를 되찾을 수 있었다.

동시에 그는 자괴감에 빠져 있던 자신의 감정을 다독이며 자부심을 회복하였다.

쓸데없는 고뇌에 빠져 있지 않고 최선을 다함으로써 베리모어는 자기 목표를 달성했고, 의미 있는 삶을 보내게 되었다. 그리고 그것에 대한 보상으로 부유하고 넉넉한 삶 또한 얻게 되었다.

일이 자갈이라면, 일의 결과는 값진 진주이다. 하고 싶지 않더라도 일 속에서 해결해야 한다. 일 속에 부자로 사는 길이 있다.

도전으로 얻어지는 부유한 삶

노력하는 삶은
충만한 인생을 사는 데 필수적인 요소이며,
부유하고 넉넉한 삶은
그 보상이다.

    우리들은 인생을 살아가는 데 여러 가지 형태로 어려움을 당하고 도전을 받는다. 사업하는 사람들에게는 불경기나 세금 문제가 곤란함을 주고, 샐러리맨에게는 구조 조정이나 무능 등의 이유로 실직의 문제가 항상 대기하고 있으며, 혼기에 접어든 아가씨들에게는 결혼 문제가, 자녀를 둔 가정주부들은 교육 문제 등 각자 개개인마다 수없이 많은 장애와 어려움이 기다리고 있다.

    이러한 장애나 문제들은 성공과 실패 사이에서 어떤 해결방안을 찾아 성공하여 부유하고 넉넉한 삶을 성취할 것이냐는 질문이 공통적으로 담겨 있다.

    인간은 각자 생명이라는 기적과 같은 선물을 받았다. 쇼펜하우어와 같은 우울한 염세주의자들에게는 삶은 고통의 나날일 것이지만 대부분의 사람, 건전한 사고방식을 가진 사람들에게는 값진 기회이다.

인간의 삶은 어떤 때는 진흙탕과 같은 어려움에 빠져서 허우적거릴 때도 있겠지만, 어려움을 이겨내고 행복하고 풍요로운 생활을 할 수 있는 기회 또한 부여받았다.

모든 세대에 걸쳐서 인류는 부유하고 넉넉한 생활을 영위할 수 있는 삶의 철학을 발견하려고 노력하였다. 그들 중에는 정신의 풍요만을 생각하여 절이나 수도원에 들어가서 도를 닦거나 은둔 생활을 하는 사람들도 있지만, 대부분은 물질적인 풍요와 정신적인 넉넉함을 조화시키려고 노력한다. 그리고 정신적인 넉넉함도 물질적인 풍요가 있어야 가능한 것이므로 돈과 힘을 추구한다.

다시 말해서, 삶의 가치를 파괴하는 모든 고통과 절망을 뿌리치고 자신의 목표를 실현하려고 노력한다. 그런데 모든 사람들이 부유하고 넉넉한 삶을 원하지만, 대부분의 사람들은 실패를 맛보고 부자로 사는 길은 어렵다고만 말한다.

나에게는 세계적으로 유명한 철학자가 보내온 편지가 있다. 그 편지를 요약하면 다음과 같다.

내가 생각하기에는 우리 인간들이 애써서 얻어지는 것은 아무것도 없다고 생각합니다. 당신이 생각하는 부유하고 넉넉한 삶은 단순히 당신이 옳다고 생각하는 생활방식에 불과합니다. 당신이 부유하고 넉넉한 삶을 위해서 일한다면 부유하고 넉넉한 삶은 당신을 피해 갈 것입니다.

이 철학자는 모순된 이야기를 한 것 같다.

부유하고 넉넉한 삶이 생활방식의 결과라면 부자로 사는 특별한 방법이 없다는 결론이 아니겠는가? 특별한 방식이란 지혜와 힘과 마찬가지이다. 인간이 실제적으로 추구하는 지혜나 강함은 무엇이란 말인가? 그리고 실제로 부유하고 넉넉한 삶을 영위하는 사람들을 어떻게 설명할 것인가?

인간은 항상 신속하지만은 않다.

왜냐하면 신속하다는 것이 곧 부유하고 넉넉한 삶의 지름길이 아니기 때문이다. 이것은 전쟁에 있어서 힘만 가지고 이길 수 없다는 것과 마찬가지이다. 전쟁의 승리에 필수적인 전략과 전술은 물리적인 힘의 강하고 약함을 초월하여 위력을 발휘한다. 이러한 법칙은 생존경쟁에 있어서도 명심해야 될 부분이다.

사람들이 무엇을 원하는가를 발견하고, 능력 있는 사람들이 어디에 있으며, 이들을 어떻게 이용할 줄 알고 또 이들이 최선의 노력을 기울이도록 하게 하는 사람들이 삶에 있어서의 승리자이며, 부유하고 넉넉한 삶을 영위하는 사람들이다.

부유하고 넉넉한 삶이란 열심히 노력하면 얻어질 수 있는 목표이다.

이렇게 부유하고 넉넉한 생활이 사람들의 노력 여하에 따라 얻어지는 것이라면, 그것에 이르는 올바른 길을 보여주어야 한다.

'내가 어떻게 해야 부자가 될 수 있을까?'라고 묻는 질문 속에는 부자로 살기 위해서 무엇이나 할 수 있는 능력이 있다는 전제가 깔려 있다. 비록 경제학자나 갑부가 하는 말들이 서로 다르더라도, 부자로 살기 위해서 어떤 것이나 해낼 수 있다는 자신감과 자부심으로 던지는 질문이다. 이와 같은 사람들은 부자가 되기 위한 준비가 갖추어진 사람들이다.

생명은 성공하기 위한 가장 순수한 원료와도 같은 것이다. 그리고 자연과 인간을 지배하는 불변의 법칙들은 신이 인간에게 준 선물이다. 이것 이외에는 모두 배워야 하고, 열심히 노력해서 얻어야 한다. 부유하고 넉넉한 삶도 여기에 포함된다.

부유하고 넉넉한 삶을 가르쳐 주는 학교도 없고, 정당도 없으며, 교회도 없다.

만일 학교나 정당이나 교회에서 가르쳐 주는 것이 있다면 우리에게 주어진 시간은 한정된 것이라는 사실이며, 그 시간 속에서 부유하고 넉넉한 삶을 영위해야 한다는 지침밖에 없다.

자유 없는 책임도 없고, 책임을 동반하지 않는 자유도 없다. 선택의 자유 없이 미덕의 의미도 없으며, 성공의 달콤한 열매도 없이 부유하고 넉넉한 삶에 이르기 위한 고난과 역경도 없다.

많은 사람들은 무조건 부유하고 넉넉한 삶을 추구한다. 그 결과로 수많은 범죄가 저질러지고 있으며, 부도덕한 행동들이 벌어지는 것이다. 중요한 것은 부유하고 넉넉한 삶을 향해 나아가는 과정에 있다.

선택의 자유는 많은 경험에서 삶을 배울 수 있는 능력을 의미한다. 넉넉하고 여유 있는 삶을 선택한 자유는 그것에 따르는 고난과 역경을 감수해야 한다는 당위성을 감싸 안는다.

삶에서 가장 중요한 수업은 중대한 과오를 통해서 배우는 과정이며, 인생은 실수와 실패를 경험하며 성장하면서 부유하고 넉넉한 삶을 향해 한 발짝 다가선다.

지혜는 경험을 통해 얻어지며, 때로는 고되고 어려운 시련을 통해 성숙된다.

당신은 고난과 역경에 부딪혀 몇 번씩 비틀거림을 경험해야만 부유하고 넉넉한 삶에 도달할 수 있다. 시련 없는 성공은 쉽게 무너진다.

언제까지나 행운이 함께 한다고 보장되지 않는다. 비틀거리는 것이 수치스러운 것은 아니다. 문제는 비틀거리면서도 생생한 인생 수업을 하고, 새로운 통찰력을 터득하며, 건전한 가치관을 세워 올려 부유하고 넉넉한 삶이라는 목표를 포기하지 않는 데 있다.

노력하는 삶은 충만한 인생을 사는 데 필수적인 요소이며, 부유하고 넉넉한 삶은 그 보상이다.

그런데 부유하고 넉넉한 삶을 추구하는 것이 마치 들에서 뛰어다니는 거위를 쫓는 것처럼 모호한 것이냐고 물을 것이다. 이 물음에 답하기 위해서는 부유하고 넉넉한 삶이 가져다주는 여러 가지 것들에 대해 살펴볼 필요가 있다.

  부유하고 넉넉한 삶이 가져다주는 여러 가지 것들 중에 대표적인 것으로 즐거움, 만족, 그리고 행복이 있을 것이다. 이 모든 낱말들 속에는 부유하고 넉넉한 삶이 가져다주는 열매가 담겨 있다.

부유하고 넉넉한 삶과 행복

진정한 부자가 되기 위해서는
사소한 실패에 실망하지 않고
험난한 장애물을 극복하려는
굳건한 의지가 필요하다.

 부유하고 넉넉한 삶에는 두 가지 특성이 있다.
 하나는 물질적인 측면이고, 또 하나는 정서적인 것이다. 이 두 가지 모두 실제에 뿌리박고 있으며, 단순히 금전적인 여유나 정신적인 안정만을 가리키는 것이 아니다.
 부유하고 넉넉한 삶은 정서적으로, 그리고 물질적으로 여유와 풍족함을 영위하는 것이다.
 우리는 흔히 부자라는 말을 부정적으로 생각하기 쉽다. 그것은 부유하고 넉넉한 삶을 영위하지 못하는 이들의 시기와 질투와 함께 사회적으로 부자에 대한 인식이 잘못되어 있기 때문이다.
 부유하고 넉넉한 삶은 우리가 흔히 알고 있는 부자들의 생활을 가리키지 않는다. 진정한 부자는 물질적인 풍요를 정서적인 여유로 연결짓는 사람들이다.

　물질적인 풍요 속에서 정서적인 여유와 평화를 지속하는 생활이 진정 부유하고 넉넉한 삶이다. 부유하고 넉넉한 삶에는 행복이 함께한다.

　행복은 정서적으로나 정신적으로나 완전한 인격을 말하며, 나이와 적성에 맞는 일을 갖고 열심히 생활하면서 얻어진다. 이것은 부유하고 넉넉한 삶이 추구하는 목표와 같다.

　윌리엄 제임스는 행복을 이렇게 정의했다.

　"행복은 내적 생활과 외적 생활이 일치하는 것이다."

　이러한 행복은 부유하고 넉넉한 삶을 영위하기 위해서 올바르게 노력하는 것이다.

　살아가는 동안 가치관도 고정되어 있고 목표 또한 없다면 삶은 어둠 속에서 헤매는 것과 같을 것이다. 물질적으로나 정서적으로 부자인 상태, 즉 부유하고 넉넉한 삶이라는 뚜렷한 목표를 향해 나아가는 동안 행복을 느끼며 그러한 삶을 영위하면서 행복을 지속시킬 수 있다.

　불행은 실패한 삶으로부터 온다.

　다시 말하면 불행은 물질적인 어려움과 안정되지 못한 정신 상태로부터 찾아오며, 한 인간의 삶을 서서히 파괴시킨다. 그리고 주위 사람들을 곤란하게 한다. 부유하고 넉넉한 삶이 인간에게 필요한 이유가 여기에 있다. 부유하고 넉넉한 삶을 통해 자신의 행복을 추구하며, 동시에 이웃과의 관계를 올바르게 유지할 수 있다.

우리는 모두 부유하고 넉넉한 삶을 이룰 수 있는 능력을 가지고 이 세상에 태어난다. 그러나 능력만 가지고 있다고 해서 부유하고 넉넉한 삶을 영위하는 진정한 부자가 될 수 없다.

한 사람의 능력이 부자를 만들지는 않는다. 진정한 부자가 되기 위해서는 사소한 실패에 실망하지 않고 험난한 장애물을 극복하려는 굳건한 의지가 필요하다.

부유하고 넉넉한 삶은 성장과 발전의 과정이다.

부유하고 넉넉한 삶에 이르는 올바른 길

우리는 물질적인 부를
생산하지 않고 소모할 수 없듯이,
행복을 창조하지 않고
소모할 수 있는 권리가 없다.

부유하고 넉넉한 삶을 추구하는 데 있어서 지켜야 할 건전한 과정이란 무엇인가?

꽃이나 야채를 상상해 보라. 씨앗의 상태에서 성장하여 꽃을 피우고 열매를 맺기 위해서는 알맞은 온도와 습도, 햇볕이 필요하다. 물론 적절한 영양이 필요하다는 사실은 두말할 나위도 없다. 당근과 선인장에게 필요한 토양과 기후가 다르듯이, 부유하고 넉넉한 삶의 과정 역시 수많은 길이 열려 있음을 주지해야 한다.

정상적이고 건전한 과정이란, 자신에게 적절한 과정을 가리킨다. 자신에게 적절한 과정 속에서 충분한 발전을 이루었을 때, 부유하고 넉넉한 삶에 이를 수 있다.

두 개의 당근을 심었을 때 그 모양이 같지 않은 것처럼, 인간도 스스로의 노력 여하에 따라 부자가 될 수 있고 그렇지 않을 수도 있다.

자신에게 적절한 과정을 선택하는 것이 중요한 것처럼, 자신이 옳다고 판단한 과정 속에서 최선을 다해야 한다.

인간은 적당한 자양분을 공급받지 않으면 병들게 되고, 결국에는 죽게 된다. 이 원리는 정신에도 해당된다.

물질적인 풍요로움을 얻었더라도 마음의 안정이나 여유를 갖지 못한다면 진정한 의미의 부자가 되었다고 할 수 없다. 부유하고 넉넉한 삶이 가져다주는 행복은 어떤 의미에서 물질적인 측면보다 정신적인 측면이 강하다고 할 수 있다.

물질적인 풍요로움을 얻었다면 정신적인 여유와 평화를 추구해야 한다. 그래야만 진정한 의미의 부자가 될 수 있으며, 부유하고 넉넉한 삶의 열매인 행복을 만끽할 수 있다.

희대의 바람둥이로 유명한 카사노바는 행복에 대해 다음과 같은 말을 남겼다.

"행복의 가치를 모르는 사람은 행복을 가지고 있으면서도 그것을 부인하고, 행복을 얻을 수 있으면서도 행복을 무시한다."

정부나 국회, 또는 법원이 인간을 행복하게 할 수 없으며, 부유하고 넉넉한 삶에 이르는 길을 가르쳐 주지 않는다. 이들은 인간으로 하여금 부유하고 넉넉한 삶을 추구하도록 도와줄 뿐이다.

모든 사람에게 기회는 부여되므로 자기 자신을 천성적으로 능력 있는 사람으로 인정하고 노력해야 한다. 또 자신의 잠재력을 발휘하여 풍요롭고 여유 있는 삶을 누리려는 욕망으로부터 자극받아야 한다.

버나드 쇼는 행복을 이렇게 갈파했다.

"우리는 물질적인 부를 생산하지 않고 소모할 수 없듯이, 행복을 창조하지 않고 소모할 수 있는 권리가 없다."

행복은 물질적인 풍요에 바탕을 둔 정서적인 여유에서 얻어진다는 사실을 명심해야 할 것이다.

부유하고 넉넉한 삶에 필요한 분별력

현재 자신의 위치에서
부유하고 넉넉한 삶을 이루기 위해 최선을 다하며,
물질적인 측면과 정신적인 측면의
균형을 도모하여야 한다.

나의 숙모 루이스 여사는 젊어서 과부가 되어 세 자녀와 함께 오늘날까지 살고 있다. 숙모는 낡은 지붕에 그녀와 세 아이들이 겨우 놀 수 있을 정도로 좁은 마당이 붙어 있는 조그마한 집에서 겨우 생활해 나가고 있다. 그녀는 시골에서 생활하므로 우리가 방학 때마다 놀러 가면 오리알이나 다람쥐구이를 주었으며, 우리는 수풀에서 마음껏 뛰어 놀기도 하고, 숙모집 앞에 있는 연못에 들어가 수영을 하기도 하였다.

그녀는 생활이 어렵고 또 세 자녀를 양육해야 하는 어려움 속에서도 행복해 보였다.

어떤 측면에서는 물질적인 풍요보다 정신적인 여유나 마음의 안정이 행복을 가져다준다고 볼 수 있다. 그렇다면 물질적인 풍요와 정신적인 여유를 어떻게 유지할 것인가?

여기에는 분별력이 필요하다.

우리는 돈, 명성, 권력 등이 부유하고 넉넉한 삶의 밑바탕이 된다는 생각으로 이것들을 열심히 추구한다. 그런데 이러한 것들을 소유하고도 행복하다고 말하는 사람은 적다. 그 이유는 무엇일까?

아마도 물질적인 풍요만 추구한 나머지 정신적인 넉넉함을 잃어버린 듯하다. 진정한 의미의 부유하고 넉넉한 삶이 무엇인지를 판단하는 분별력이 작용하지 못했기 때문이다.

현재 자신의 위치에서 부유하고 넉넉한 삶을 이루기 위해 최선을 다하며, 물질적인 측면과 정신적인 측면의 균형을 도모하여야 한다.

진정한 의미의 부유하고 넉넉한 삶은 균형을 유지하는 분별력을 필요로 한다.

상황을 두려워하지 마라

부유하고 넉넉한 삶은
자신에게 주어진 상황을 피하지 않고,
적극적으로 부딪쳐 도전하는 자세를 통해 얻을 수 있다.
피할 수 없는 상황이라면 즐겨라.

   우리가 상황을 두려워하면 가난한 사람이 되고, 두려워하지 않으면 부자가 될 수 있다.
   우리는 가치가 없다고 생각하지만, 실제로 매우 가치 있는 많은 것들을 가지고 있다. 신선한 공기, 달밤의 그윽함, 그리고 우리 조상들이 노력해서 만들어 내고 남겨준 문화유산이 바로 그것이다.
많은 사람들은 만일 무엇만 있으면 좋겠다고 생각하여 자신의 모습을 위로하려 한다.
   '만일 돈만 있으면 행복하겠다, 만일 사랑만 받는다면 행복하겠다, 혹은 직장만 구하면 행복하겠다.'라고 말한다. 이들은 이러한 것들을 얻기 위해서 용기를 가지고 도전하지 않고 자기만족에 머무른다.
   사람들은 자신의 문제를 해결하려고 하지 않고, 피하려고만 한다.

이와 같은 행동은 비겁한 행동이다.

　부유하고 넉넉한 삶은 자신에게 주어진 상황을 피하지 않고, 적극적으로 부딪쳐 도전하는 자세를 통해 얻을 수 있다. 피할 수 없는 상황이라면 즐겨라.

　또한 마음속에서 조용히 속삭이는 소리를 들어야 한다. 하릴 없이 돌아다니지 말고, 시간을 내어 자신의 목소리를 들을 수 있는 시간을 가져야 한다. 이것은 정서적인 넉넉함을 가져다줄 것이다. 그리고 현재의 위치에 만족하지 말고 더욱 열심히 일해야 한다.

　자신에게 주어진 일이 감당할 수 없을 정도라도 잠깐씩 틈을 내어 정서적인 여유를 찾아야 한다. 그렇지 않으면 물질적인 풍요를 얻을 수 있을지는 모르지만 정신적인 넉넉함을 얻지는 못한다.

　사람들은 복잡하고 고단한 세상에서 부유하고 넉넉하게 살고 싶다는 욕망을 가지고 있다. 이제 첫걸음을 내디뎠다. 여기에서 명심할 점은 하늘이 당신에게 준 선물, 육체와 능력을 유효적절하게 활용해야 한다는 점이다. 그리고 부유하고 넉넉하게 살 수 있다는 믿음을 저버려서는 안 된다.

　부유하고 넉넉한 삶을 누리고 싶다는 신념이 있다. 목표가 있다. 야망이 있다. 스스로를 펼쳐 보이려는 욕망이 있다. 부유하고 넉넉한 삶은 그것을 차지하고 싶다는 욕망에서 비롯된다. 그리고 확고한 신념으로 유지된다. 끊임없는 노력을 통해 성취된다. 부유하고 넉넉한 삶은 행복을 가져다준다는 사실을 잊지 말아야 한다.

행복은 지혜로운 노력 속에 깃들어 있으며, 점진적인 과정을 통해 커진다.

지인들에게 다음과 같은 질문을 던져보아라.

"부유하고 넉넉한 삶을 원하는가? 그러면 그것을 어떻게 이룰 것인가?"

첫 번째 질문에는 모두 그렇다고 대답할 것이다. 그러나 두 번째 질문에는 쉽게 대답하지 못할 것이다. 그것은 진정으로 부유하고 넉넉한 삶을 원하지 않기 때문이다. 다만 그것을 동경할 뿐, 구체적으로 그것을 이루기 위해 노력하지 않기 때문에 쉽게 대답하지 못하는 것이다. 대부분의 사람들은 부유하고 넉넉한 삶을 동경할 뿐, 구체적으로 노력하지 않는다. 다만 운 좋게 그러한 삶을 얻으려고만 한다.

부유하고 넉넉한 삶은 자신 앞에 놓인 상황으로부터 시작된다고 생각하라. 눈앞의 상황을 이겨내지 못하고 피한다면 부유하고 넉넉한 삶은 평생 동안 결코 찾아오지 않을 것이다.

정신의 여유와 넉넉함은 어떻게 얻어지는가?

부유하고 넉넉한 삶은
누구나 바라는 좋은 길이다.
하지만 아무나 이 길을 걸을 수는 없다.
성장과 발전이 있어야만 그 길을 찾고 걸을 수 있다.

물질적인 풍요와 함께 부유하고 넉넉한 삶을 이루는 정신적인 여유와 넉넉함은 어디에서 얻어지는가? 이것은 수많은 사람들이 느끼는 행복을 통해 살펴볼 수 있다.

대학교 부총장인 어떤 사람이 나치에 체포되어 감옥에서 탈옥을 시도하다가 무수한 고문을 당했다. 그 사람은 세월이 지나고 나서 다음과 같이 말했다.

"보상이란 언제나 있는 것이다. 어느 누구나 다 아는 참된 감옥은 자기 자신 안에 있다. 게슈타포들은 지식인들에게 음식의 찌꺼기나 먹게 하고, 빈 항아리 속에서 잠자게 했다. 그런데 나만은 예외로 자기들과 함께 생활하도록 했다. 그것은 내가 박사이기 때문이었다. 나는 감옥에 있을 때가 제일 행복했다. 나의 동료들과 함께 역사, 철학, 정치 제도, 그리고 우리 자신에 대해서 토의할 수 있었기 때문이었다. 당신의 운명은 당신 스스로 개척하는 것이다."

유명한 직물 기술자 한 사람은 이제 홀아비가 되어서 혼자 살지 않으면 안 되었다. 그의 아들과 딸들은 이미 결혼하여 분가하였고, 그의 아내는 병으로 죽었다. 아내의 죽음은 그에게 심한 충격을 주었다. 그러나 그는 담담하게 이렇게 말했다.

"나는 행복합니다. 왜냐하면 나는 근심의 쓰디쓴 칼날에서 해방되었기 때문입니다. 내가 이렇게 말하는 것은 내가 무감각해서도 아니고, 경박하기 때문도 아닙니다. 신은 중대한 사건이 일어나기 이전이나 이후에나 스스로 돕는 자를 돕습니다. 이것은 참으로 중요한 사실입니다. 나는 죽음을 두려워하지 않습니다. 죽음을 두려워하는 것은 삶을 두려워한다는 증거입니다. 이것은 당신이 최선을 다하지 않고 살아간다는 증거입니다.

나는 이해되지 않거나 불가능한 일로 안달하거나 속상해하지 않습니다. 나는 단지 나에게 도움을 요청할 때 거절하거나, 누군가가 나에게 무엇에 대해 물어보았을 때 모른다고 대답하는 것이 두렵습니다."

어떤 대답은 몇 마디의 말 속에 큰 뜻을 내포하기도 한다. 위의 두 사람은 정신적인 여유와 넉넉함을 가지고 있다. 정신적인 여유와 넉넉함은 행복을 느끼게 한다.

어떤 너그러운 노인은 자신이 느끼는 행복의 원인은 사람들 때문이라고 대답했다. 사람들과의 관계를 두려워하지 않고 즐기는 모습에서 우리는 넉넉함을 발견하기도 한다.

행복에 대해 어떤 부인은 이렇게 말했다.
"나는 나의 인생 초기를 나 자신이 되기 위한 준비로 보냈습니다. 나는 누구이며, 나의 관심은 무엇인지 알려고 했으며, 나의 인생을 어떻게 보낼 것인지에 대해 고민했습니다. 그래서 나는 나를 둘러싼 주위 여건과 사람들과 조화를 이룰 수 있었습니다."

과학자들은 전혀 다른 이유를 발견하기도 한다.
"조물주는 우주를 창조하여 불변의 법칙에 따라 움직이게 했다. 그렇다면 신은 인간들이 지구라는 행성을 적절하게 이용하도록 하락하였다. 우리는 아름답고 행복한 지구로 만들 수도 있고, 지옥으로 만들 수도 있다. 그것은 우리가 신의 법칙을 이용할 수 있는 두뇌를 소유했기 때문이다. 세계는 점차적으로 진보해 왔다. 그런데 가끔씩 이 모든 발전이 정지되기도 하였다. 우리는 전쟁과 극심한 불경기, 그리고 각 개인에게 일어나는 여러 비극 속에서 살면서도 행복을 찾으려고 노력한다. 우리는 자신감을 잃지 않고 정상적으로 살려고 노력한다."

과학자들이 말했듯이, 여러 비극 속에서 살면서도 행복을 찾으려 하는 노력은 정신의 여유와 넉넉함의 추구로 이해할 수 있다.

역사적으로 볼 때 주어진 시간과 상황에 불행하다고 생각하는 사람과 그렇지 않은 사람의 비율은 대략 25%와 75% 정도이다.

인간은 감정적인 부분과 이성적인 부분을 가지고 있다. 이성적으로 현실은 비참하지만 정신적으로는 안정과 즐거움을 찾기 위해 노력한다. 그렇기 때문에 물질적인 풍요가 필요하다.

많은 사람을 도와주어서 국제적인 명성을 가지고 있던 어떤 부인은 평소 생활에 있어서 거짓과 과장이 없었다.

어느 날, 그 부인은 웃음 띤 얼굴로 다음과 같이 말했다.

"나는 과오와 실수를 저지르기 때문에 행복합니다."

실수를 하지 않고 무엇인가 걸려 넘어지지 않으려고 허리를 구부리고 머리를 숙이고 정신을 바짝 치켜서 길을 필요는 없다. 인간이 실수를 저지르지 않는다면 인생의 근본적인 것에 대해서 말할 자격이 없다.

산에 올라가 보지 않은 등산가의 지혜를 생각해 보자. 산에 올라가지 않고 어떻게 산을 정복할 수 있는 지혜를 얻을 수 있겠는가. 훌륭한 등산가는 실제 산 속에서 내려야 하는 판단을 통해 지혜를 얻는다. 등산가가 가지고 있는 지혜는 수많은 실패와 그릇된 판단을 거쳐서 얻어진 것이다.

인간은 누구나 새롭고 더 좋은 길을 향해서 걸어가기를 원한다. 부유하고 넉넉한 삶은 누구나 바라는 좋은 길이다. 하지만 아무나 새롭고 더 좋은 길을 걸을 수는 없다. 성장과 발전이 있어야만 그 길을 찾고 걸을 수 있다.

실수를 통해 얻어지는 지혜를 참고삼아 부유하고 넉넉한 삶에 이르는 길을 발견하고 목적지에 도착할 수 있다. 목적지에는 행복이라는 곳과 열매가 기다리고 있을 것이다.

재판관은 행복에 대해서 이렇게 생각한다.

"인간은 사업상으로 다른 사람에게 손해를 끼치거나, 고용원이나 고용주에게 부당한 조치를 취하거나, 가족들에게 좋지 못한 행동을 하거나, 정치적으로 정직하지 못하거나, 종교적으로 위선일 때 불행하다. 우리 모두 상호관계가 있다. 그러므로 가정, 종교, 정치 등의 특성을 갖는 집단이 모두 행복할 때, 우리의 진실한 행복이 가능하다. 나는 인간의 싸움을 조절해 주고 나의 가족은 서로 사랑하기 때문에 행복하다."

한편, 의사들이 바라보는 행복은 다음과 같다.

"사람들이 질병으로 고통을 당하면 나를 찾아온다. 나는 매일같이 환자를 대하고, 어떤 때는 죽음을 보기도 한다. 그러나 하루 일과를 끝마치고 잠자리에 누웠을 때 나는 혼자 이런 생각을 한다. 오늘 하루 일과 중에서 가장 행복한 경험은 어떤 순간이었나? 그리고 나는 그런 경험을 다시금 할 수 있도록 노력해야겠다고 다짐한다."

이상으로, 여러 계층이 바라보는 행복에 대해 살펴보았다. 이들의 대부분은 사회적으로 성공한 사람들이다. 물질적인 풍요와 아울러 정신적인 여유와 넉넉함을 추구하는 사람들이다.

위에서 행복에 대해 여러 가지 의견을 말한 사람들은 모두 물질적인 풍요와 정신적인 넉넉함의 조화를 통해 행복을 느끼는 사람들이다.

정신적인 여유와 넉넉함은 행복의 시작이다.

자아실현과 부유하고 넉넉한 삶

자아실현과 부유하고 넉넉한 삶은
따로 떨어져 있는 것이 아니라,
부유하고 넉넉한 삶을 향해 열심히 나아가는 동안
성취되는 것이 자아실현이다.

  한 여대생은 그녀의 할머니로부터 많은 것을 배웠다고 했다.
  "할머니께서는 행복이란 자아를 실현하는 데 있다고 늘 말씀하셨지요. 할머니의 말씀이 옳은 것 같아요. 어쨌든 스스로를 가치 있다고 여기며 진실로 사랑스럽다고 느끼는 순간이 가장 행복한 것 같아요. 그러나 이것은 내가 사회적으로 성공했거나 인정받는다고 느껴서 그런 것은 아니라는 사실입니다. 스스로의 행복이 소중하듯 다른 사람의 행복도 소중한 것입니다. 그러나 자신이 행복하지 못하면서 다른 사람을 행복하게 만들 수 있겠어요? 다른 사람과의 관계는 이미 당신의 상태에 따라 결정된다고 생각합니다."
  자기에게 주어진 상황을 떠나서 나는 이미 실패한 사람이라고 생각하는 사람은 확실하게 실패한 사람이고, 절대로 부유하고 넉넉한 삶에 이를 수 없다.

　인간은 자유롭게 활동할 수 있고, 일을 할 권리가 있으며, 행복한 가정을 갖도록 노력할 수 있다. 그런데 오늘날의 삶의 조건에서는 기본적인 권리마저도 충족시키기 어려운 것이 사실이다.

　우리에 갇힌 사자를 한번 생각해 보자. 이들이 행복하겠는가? 당신이 마음의 감옥에 갇혀 있다면 행복할 수 있겠는가? 부유하고 넉넉한 삶에 도달한 사람들은 실망, 성공, 좌절, 비극, 기쁨, 슬픔 등 눈앞에 놓인 상황을 받아들이며 삶을 사랑하는 사람들이다.

　부유하고 넉넉한 인생에 도달하기 위해서 삶을 있는 그대로 볼 필요가 있다.

　진정한 의미의 부자가 된 사람들은 현 상황이 많은 모순에 빠져 있음을 어느 누구보다도 잘 알고 있다. 세상은 무지갯빛 꿈도 아니며 시기와 질시, 탐욕과 저주가 함께 하는 곳임을 분명히 깨닫고 있다. 그러나 이들은 답답한 현실에 절망하지 않고, 그 속의 평화를 지키려고 노력하는 사람들이다. 현실에 절망할 필요가 없다는 이야기이다.

　자아실현과 부유하고 넉넉한 삶은 따로 떨어져 있는 것이 아니라, 부유하고 넉넉한 삶을 향해 열심히 나아가는 동안 성취되는 것이 자아실현이다. 그리고 자아실현이 없는 부유하고 넉넉한 삶은 없다.

　언제나 중요한 현실을 받아들이고 그 안에서 최선을 다하는 것이다.

불행한 삶과 자기 연민

현명한 사람들은
인간의 경험이 무의미하다는 것을 믿지 않는다.
우리의 존재는 하늘로부터 부여받은 신성한 것이지,
하찮게 여겨질 것이 아니다.

불행의 주된 원인은 질병, 불경기, 빈곤, 전쟁, 나쁜 친구, 나쁜 직업, 알코올 중독, 그리고 잘못된 결혼에서 시작된다. 이 모든 것들은 따로따로 오지 않고 한꺼번에 몰려든다. 진실로 중요한 것은 고통이 아니라 고통의 원인에 대해 분석하는 것이다.

불행의 근본적인 원인은 자신감, 자부심의 결여와 잘못된 가치관에 있다. 스스로에게 진실하지 못할 때 불행은 찾아온다.

불행은 여러 가지 양상으로 인간에게 닥쳐온다. 공포, 실망, 좌절, 낙담, 이 모든 것들이 불행한 삶의 시작점이다. 있지도 않은 망상에 빠져 있는 것도 불행의 원인이 되며, 무엇보다 나쁜 것은 자신이 가치 없는 존재라고 여기는 것이다.

삶이 무의미한 것은 우리가 이해하지 못하는 것이 삶 속에 많기 때문이다. 삶은 당신의 눈보다 훨씬 트인 시각으로 관찰해야 되는 부분이 많다.

현명한 사람들은 인간의 경험이 무의미하다는 것을 믿지 않는다.

우리의 존재는 하늘로부터 부여받은 신성한 것이지, 하찮게 여겨질 것이 아니다.

스스로의 삶을 저주하거나 이 세상을 부정적으로 생각하는 것은 삶을 타락시키고 탕진하게 하는 행동이며, 자신을 속이는 것이다.

당신이 삶의 의미를 느끼지 못하는 것은 창조적인 일에 종사하지 않고, 사랑의 의미도 느껴보지 못했으며, 세상을 만든 위대한 힘을 느끼지 못하기 때문이다. 그리고 추구해야 될 목표를 갖고 있지 못하기 때문에 삶을 탕진하고 스스로를 속이며 불행 속으로 빠져드는 것이다.

부유하고 넉넉한 삶은 결코 이룰 수 없다고 생각하고 패배의식에 젖어 있으면, 당신은 불행해질 수밖에 없다.

죽음을 바랄 정도로 불행하다고 생각하는 사람은 역설적으로 충만하고 행복한 삶을 갈구하는 사람이다.

프로이트는 죽음을 바라는 보편적인 욕망에 대해 연구를 하였다. 그는 연구를 통해 인간 속에 내재된 이중성을 밝혀냈다. 인간은 더 큰 고통이나 극악한 파괴를 피하기 위한 수단으로 죽음을 갈구한다. 이것은 순간적인 고통으로 더 큰 고통을 피하려는 행동이다. 그러나 인간의 내면에는 삶을 지속하고자 하는 무서운 집념이 숨어 있다. 자살은 이와 같이 정서적인 이상상태 속에서 이루어지는 것이다.

인간은 누구나 살려고 발버둥친다.

삶의 의미를 잃어버리고 현실 속에서 부대끼며 하루하루를 보내는 사람들은 불행하다고 생각한다. 그것은 자신이 인생에서 추구할 목표를 잃어버렸기 때문이다.

인간의 여러 불행 중 하나는 무의미한 노동이다. 그러한 사람들 역시 자아실현과 함께 부유하고 넉넉한 삶을 영위하려는 꿈을 가지고 있다. 하지만 몇 번의 실패와 좌절을 통해 그 꿈을 잊고 사는 것이다.

비극은 부유하고 넉넉한 삶에 이르는 길을 모르는 데 있다. '구하라, 그러면 찾을 것이요, 찾아라, 그러면 얻을 것이다.'라는 성경 구절은 우리의 삶에 필요한 우정, 사랑, 자아실현, 그리고 부유하고 넉넉한 삶의 가능성을 보여주는 것이다.

세상에서 무엇인가를 추구하는 사냥꾼들에게는 슬픔이 있고, 말할 수 없는 우울함이 있다. 이들은 이런 것을 없애기 위해서 최악의 상황을 최선으로 이용해야 할 의무가 있다.

세상의 사냥꾼들은 자신을 가로막는 장애와 고난을 미워하며 슬픔과 우울함을 얻게 되었다. 세상을 지배하는 보편적인 가치를 거스르고, 자신을 가로막는 장애와 고난과 씨름하며 자신을 망친다.

이들이 가지고 있는 증오와 미움의 감정은 스스로에게 아무런 도움이 되지 않는다. 나는 이들에게 스스로의 슬픔과 우울은 부유하고 넉넉한 삶을 영위하며 느끼는 행복에 비하면 아무것도 아니라고 충고하고 싶다.

자신을 가로막는 장애와 고난을 미워하지만 실제로 그것을 극복하지 못하는 이들은 자기 연민으로 삶을 탕진하는 사람들이다. 슬픔과 우울은 과감하게 떨쳐버릴 필요가 있다.

삶은 자기 연민으로 탕진하기에는 너무나 놀라운 선물이다. 자신에 대해 슬퍼하는 사람은 발전하지 못한다. 이들은 고독하지만 자기 스스로를 제대로 파악하지 못해서 자신을 미워하는 것이다.

위대한 사람들 중에서 한동안 자기 연민에 빠져 슬픔과 우울함에 잠겨 있기도 했었지만 과감히 그것을 떨쳐버리고 성공한 사람들이 많다. 성경에 나오는 한 이야기를 보자.

이세벨 어앙은 뻔뻔스럽고 대담한 여성으로 도덕적으로 타락한 여자였다. 그녀가 예언자 엘리야를 죽일려고 위협하자 엘리야는 광야로 도망쳤다. 그는 로뎀 나무 밑에 쭈그리고 앉아서 자신과 인생을 생각하다가 삶이 가치 없는 것이라는 결론에 이르게 되었다. 그는 실패자였고, 실망과 좌절로 몸이 차갑게 얼어붙어 있었다. 그래서 호렙 산의 동굴 속에 숨어들었다. 자기에 대한 연민으로 그는 견딜 수 없었다.

그 순간, 정적을 깨뜨리는 천둥과 지진이 일어나면서 불꽃 속에서 "엘리야야, 너는 여기에서 무엇을 하고 있느냐?"라는 음성을 들었다. 그때 엘리야는 용기를 얻게 되었고, 이세벨 여왕과 맞설 수 있게 되었다.

당신이 현재 결혼의 실패나 실직 또는 자식들의 비행으로 골치를 썩거나 채무에 시달리고 있을지 모른다. 당신이 이와 같은 고통 속에서 자기 연민에 빠지는 것은 무엇보다도 위험한 것이다. 자신의 비참한 상황을 인정하고 그것을 해결하려고 노력해야 한다.

우리는 실패를 인정할 필요가 있다. 실패와 눈물도 부유하고 넉넉한 삶에 이르는 힘이 되기도 한다.

부유하고 넉넉한 삶은 당신의 실패와 눈물을 충분히 보상할 것이다. 가장 불행한 것은 당신이 지금 자기 연민에 빠져 있다는 사실이다.

진정한 의미의 부자는 어떤 사람인가?

진정한 의미의 부자는
단순히 물질적인 풍요만을 추구하지 않는다.
정서적인 넉넉함과 물질적인 풍요를 조화시킬 수 있는 사람이
진정한 의미의 부자이다.

올바른 가치관을 가진 사람은 거짓말을 하지 않고, 다른 사람을 미워하지 않으며, 남의 물건을 훔치지 않는다. 그리고 자기가 도달하지 못한 목표를 추구하지만, 먼저 그곳에 도달한 사람들을 미워하지 않는다.

부유하고 넉넉한 삶은 거짓, 기만, 부정적인 생각, 그리고 몽상에 근거를 두지 않는다. 부유하고 넉넉한 삶은 솔직하고 진실하게 살아가는 태도로 얻을 수 있고, 유지할 수 있다.

부유하고 넉넉한 삶에는 '행복'이라는 끝없이 솟아나는 샘물이 있어 인간을 풍요롭고 여유 있게 한다.

침묵이 힘을 주고, 품위를 유지하게 하며, 평화와 희망을 전달하기도 한다. 또 수많은 사람들이 고독을 경험하지만, 고독의 가치를

아는 사람은 그다지 없다. 침묵은 자신을 가치 있게 만드는 것이며, 고독은 자기 자신을 발견하고 생각하게 한다. 진짜 외로움은 혼자 있을 때보다 군중 속에서 크게 느껴진다. 진정한 의미의 부자들은 내적인 동기를 적절히 활용할 줄 알고, 목적한 것을 추구하려는 끈기가 있다.

위대한 창조는 고독을 필요로 한다. 혼자 있을 때 자신을 돌아볼 수 있으며, 자기 발견이 가능하다.

부유하고 넉넉한 삶으로 행복을 느끼는 사람은 민감하지만 불행한 사람과 같은 방법으로 민감한 것은 아니다. 행복한 사람은 자신을 들여다보는 데 민감하고, 책임에 민감하며, 아름다움에 민감하다. 불행한 사람은 윽박지르는 데 민감하며, 몽상에 민감하고, 자기 주위에 있는 아름답고 놀라운 것들을 즐겁게 생각할 줄 모른다.

제제 스트라우트라는 사람은, 인간은 자기의 사상 수준에 따라 생활한다고 말했다.

매일 아름다움을 찾고, 날마다 웃으면서 생활하며, 진지하게 사는 방식은 진정한 부자들의 생활방식이다. 그리고 이들은 행복을 느낄 줄 안다.

우주에는 질서가 있다. 조용한 밤에 해변이나 강변을 거닐어 보라. 밤하늘 가득 총총한 별들을 쳐다보아라. 이 모든 것들은 정신적인 여유와 넉넉함을 가져다준다.

진정한 의미의 부자가 되기를 원한다면 의식을 생생하게 살아 움직이게 해야 한다. 자신이 영원의 일부분임을 느껴라. 용기를 가지고 부유하고 넉넉한 삶을 향해 돌진하라. 그리고 자연을 즐기고 아름다움을 만끽하라. 경이로운 것을 볼 줄 아는 눈으로 발견한 아름다움을 바라보라.

진정한 의미의 부자는 단순히 물질적인 풍요만을 추구하지 않는다. 정서적인 넉넉함과 물질적인 풍요를 조화시킬 수 있는 사람이 진정한 의미의 부자이다.

순간순간에 최선을 다하라

'부유하고 넉넉하게
살아야 하는
의무만큼
경시되는 의무도 없다.'

부유하고 넉넉한 사람은 순간순간을 충실하게 산다. 이들은 불행하고 실패한 사람들보다 많이 보고, 많이 받아들이고, 많이 이해하고, 많이 나누려고 한다.

부유하고 넉넉한 사람들은 성장과 발전, 그리고 자아를 실현하기 위해서 매 순간 자신을 둘러싼 환경과 투쟁한다. 또 이들은 사랑스러운 것을 기억하고, 기억한 것을 사랑한다.

우리 인간은 아무리 중대한 사건이라도 그 당시에는 그 중대성을 깨닫지 못한다. 때때로 그 사건이 끝나고 몇 년이 지나고서도 깨닫지 못하는 경우가 있다.

행복은 경험하는 순간에는 항상 인정하기 어렵다. 그러나 불만이나 불행은 인정하기가 훨씬 쉽다.

내가 어렸을 때, 나의 형들 그리고 친구들과 함께 비를 맞으면서 화이트웨이스 정상에서 밤새도록 길을 잃고 헤매던 일이 있었다. 우리들은 비를 흠뻑 맞고 산을 내려왔다. 당시에는 불쾌한 기억이었지만, 지금은 즐거운 추억이 되었다.

우리는 인간이다. 우리는 끊임없이 노력하지만 원하는 것을 얻지 못하는 경우도 있다.

당신은 당연한 것으로 받아들이는 것이 많다. 당연한 것이 당신의 것이 아닐 때는 특별한 경우로 생각하기 쉽다.

시한부 인생을 선고받고 죽음을 기다리며 사는 사람들은 건강했던 시절, 몸을 씻기 위해 목욕탕으로 갈 때의 기분이 얼마나 소중한 것인지 깨닫게 된다.

우리는 이제 최초의 질문으로 돌아가자. 부유하고 넉넉한 삶이 각 개인의 생활방식의 결과라면, 부유하고 넉넉한 삶을 추구하는 특별한 방법을 우리는 추구할 필요가 없지 않은가? 물론이다. 그러나 부유하고 넉넉한 삶을 추구하는 특별한 길은 있다. 도대체 그것은 무엇인가?

나는 평생토록 부유하고 넉넉한 삶이란 무엇인가에 대해 살펴본 결과, 다음과 같은 결론을 얻게 되었다.

부유하고 넉넉한 삶은,

1. 자부심으로
2. 사랑하는 사람과 사랑을 주고받음으로
3. 당신의 자아를 실현할 방법을 찾고,
   자아를 실현하기 위해 준비하고,
   자아실현을 이룰 수 있는 일을 하며 성장, 발전하고
4. 종교적인 신념이나 건전한 사상을 가지고
5. 미래에 대한 확신을 가질 때
   성취될 수 있다.

로버트 루이스는 부유하고 넉넉한 삶을 이렇게 간파했다.
'부유하고 넉넉하게 살아야 하는 의무만큼 경시되는 의무도 없다.'
인생에서 잊어서는 안 될, 뜻 깊은 말이다.

잘사는 게 최대의 복수다

- 개정 1판 1쇄 인쇄 _ 2023년 01월 05일
- 개정 1판 1쇄 발행 _ 2023년 01월 10일

- 저　　자 _ 알렉산더 맥도웰
- 옮 긴 이 _ 김갑수
- 펴 낸 이 _ 박효완
- 편집주간 _ 이정원
- 기　　획 _ 보성미디어
- 디 자 인 _ 김주영
- 마 케 팅 _ 고구려
- 물류지원 _ 오경수

- 펴 낸 곳 _ 아이템하우스
- 등록번호 _ 제2001-000315호
- 등 록 일 _ 2001년 8월 7일

- 주　　소 _ 서울특별시 마포구 동교로 75
- 전　　화 _ 02-332-4337
- 팩　　스 _ 02-3141-4347
- 이 메 일 _ itembook@nate.com

ⓒ ITEMBOOKS, 2023 Printed Korea.

ISBN 979-11-5777-163-9
※ 잘못된 책은 교환해 드립니다.